dtv

Wir wollen immer wieder raus aus dem Alltag, alles hinter uns lassen, etwas anderes sehen und erleben. Dafür nehmen wir viel in Kauf: endlose Staus, verstopfte Terminals, hustende Zugnachbarn, düsteres Wetter. Das Hotelzimmer liegt meist an der falschen Seite, der Pool ist besetzt, und auf die Leute nebenan hätten wir gern verzichtet. Das fremde Essen verstopft uns oder fördert radikal die Verdauung. Unterwegs erleben wir uns selbst nicht nur als offenen, neugierigen, großzügigen Menschen, sondern fühlen uns auch nervös, ängstlich und störanfällig, wenn etwas mal nicht klappt. Trotzdem sind wir unermüdlich und schauen alles an, was als sehenswert gilt. Schließlich wollen wir später zu Hause die gebannten Zuhörer mit unseren Reiseerlebnissen beeindrucken. Doch bei aller Reiselust und allem Fernweh, früher oder später stellt sich jedem mal die Frage: Müssen wir da auch noch hin?

Dietmar Bittrich ist Autor und lebt in Hamburg. Als Reisereporter und Begleiter auf Studienfahrten ist er viele Jahre unterwegs gewesen. Für dtv sammelte er dabei u. a. ›Böse Sprüche für jeden Tag‹ (dtv 20676).

DIETMAR BITTRICH

Müssen wir da auch noch hin?

Kurze Geschichten
vom Reisen

dtv

Ausführliche Informationen über unsere Autoren und Bücher
www.dtv.de

Von Dietmar Bittrich
sind bei dtv u. a. außerdem erschienen:
Böse Sprüche für jeden Tag (20676)
Böse Sprüche für Sie & Ihn (20761)
Einschlafbuch für Hochbegabte (21267)

Frühere Fassungen von ›Und Sie wollen schon los?‹, ›Das multiresistente Zugabteil‹, ›Verdauungspflaumen zum Mitnehmen‹, ›Tripa alla fiorentina‹ und ›Die Finca unserer Bekannten‹ sind erschienen in ›Dann fahr doch gleich nach Haus‹, Hamburg 2002.

FSC
www.fsc.org
MIX
Papier aus verantwortungsvollen Quellen
FSC® C019821

Originalausgabe 2019
2. Auflage 2019

Umschlagillustration: Gerhard Glück
Satz: C.H.Beck.Media.Solutions, Nördlingen
Gesetzt aus der Stempel Garamond 10,5/13·
Druck und Bindung: Druckerei C.H.Beck, Nördlingen
Gedruckt auf säurefreiem, chlorfrei gebleichtem Papier
Printed in Germany · ISBN 978-3-423-21788-0

Inhalt

Können wir uns nicht jetzt schon ein schönes Leben machen?

Reisen macht glücklich. Klar. Zumindest etwas glücklicher als Alltag. Der Blick aufs Meer ist erholsamer als der Blick auf das Haus gegenüber, wo die Leute sich noch immer nicht das Rauchen abgewöhnt haben. Und die Begegnungen in einem orientalischen Basar sind abenteuerlicher als die Begegnungen in unserem Treppenhaus, wenngleich wir zwischen Parterre und drittem Stock seltener übers Ohr gehauen werden. Und das Erklimmen eines alpenfrischen Gipfels macht mehr Spaß als das Zirkeltraining im Fitnessstudio, in dem die Ventilation nie ganz die Ausdünstungen der Mitgeplagten abzusaugen vermag.

Und deshalb fahren wir weg. Um rauszukommen. Um leichter zu atmen. Um den Blick zu erfrischen. Um was Originelleres zu essen. Notfalls haben wir Rescuetropfen dabei. Wir müssen die Sitten und Gebräuche fremder Völker nicht studieren, wie uns das in der Schule eingebimst wurde. Aber ein bisschen Befremden ist ganz schön. Eine Prise Irritation macht wach. Und darin besteht ein guter Teil der Erholung: dass all die ungewohnten Erfahrungen unsere Wahrnehmung beschäftigen. Die Gedanken können nicht mehr um die Schrecken des heimischen Alltags kreisen. Das Staunen beansprucht die ganze Aufmerksamkeit. Was uns zu Hause beschäftigte, hat keinen Platz mehr. Uns bleibt nichts anderes übrig, als genau da zu sein, wo wir laut Therapie oder Philosophie ständig sein sollten: ganz und gar im Hier und Jetzt.

Zumindest in den ersten Tagen in der Fremde. Später kommen auch andere Tage. Und dann gibt es sogar Momente, da möchten wir keine Sekunde länger im Hier und Jetzt bleiben. Etwa wenn sich die Erholung vom heimischen Stress nur darauf beschränkt, dass der Stress ein bisschen anders ausfällt. Wenn wir nicht im morgendlichen Stau auf dem Weg zur Arbeit stecken, sondern im mittäglichen Stau der Leihwagen in Richtung Cap Formentor. Wenn wir statt schlaflos zu Hause zu liegen, weil die greise Witwe über uns nachts die Möbel verschiebt, nun in einem südlichen Badeort schlaflos uns wälzen, weil es so heiß ist und weil im Nachbarhotel bis fünf Uhr früh gefeiert wird. Anschließend lärmen die Gäste unter unserem Fenster weiter. Und dann können wir auch schon aufstehen.

Es klappt nicht immer mit dem Glück auf Reisen. Irgendwas wird schon stören. Natürlich nicht, solange wir uns den Ferienort lediglich vorstellen, solange wir durch Webseiten klicken und uns im Halbschlaf die Bilder ausmalen. Auch im Rückblick stört rein gar nichts, wenn wir uns gegenseitig die Erinnerungen wachrufen oder Freunde mit reichhaltigen Übertreibungen beeindrucken. Doch live, unterwegs, mischt sich häufig eine grummelnde Unruhe ins Erleben. Wird es klappen mit dem Anschluss? Liegt das Zimmer auf der richtigen Seite? Kommt das Essen heute noch? Und müssen wir neben diesen Leuten sitzen?

Wir sind störanfälliger in der Fremde. Ohne das Polster der Gewohnheiten erleben wir uns in guten Momenten als jovialer, großzügiger, neugieriger, in anderen als nervöser, unsicherer und verzagter.

Den Slogan von der schönsten Zeit des Jahres haben nicht wir erfunden. Doch er treibt unsere Phantasie an und hält die Erwartungen hoch. Der Urlaub soll die erlebnisreichste, erfüllendste, zugleich entspannendste Zeit sein. Es ist wie mit Weihnachten als dem Fest des Friedens und der Liebe. Die Wirklichkeit kann den Ansprüchen nicht genügen.

Das wissen wir. Und trotzdem. Wir müssen los. Wir sind auf der Suche nach dem Glück, und das muss anderswo sein. Da, wo die Pinien stehen oder wo die Wellen gegen die Klippen schlagen oder wo die Wüste uns mit ihrer Stille umfängt.

Alles Leiden des Menschen kommt daher, dass er nicht ruhig auf seinem Zimmer bleiben kann, notierte der Philosoph Blaise Pascal. Es wurde sein meistzitierter Satz. Zu noch mehr Ruhm hat es ein antiker Kollege gebracht, der ruhig und gelassen in seinem Zimmer blieb, in seiner Bretterbude, seiner Tonne: Diogenes. Bekanntlich bekam er Besuch vom viel reisenden Alexander. Der war bereit, dem genügsamen Philosophen einen Wunsch zu erfüllen. Diogenes soll geantwortet haben: Geh mir nur ein bisschen aus der Sonne. Worauf Alexander laut Überlieferung seufzte: Könnte ich nur wie dieser Mann so bedürfnislos an einem einzigen Ort zufrieden sein!

Konnte er nicht. Und können wir auch nicht. Wollen wir auch gar nicht, vorläufig! Wir erzählen uns nur gern solche Weisheitsgeschichten vom inneren Frieden und glücklicher Einfachheit. Da nicken wir und liken. Wir teilen die Reiseanekdote, die über denselben Alexander und seinen Hofnarren erzählt wird. Der zufolge fragte der Narr den König: »Exzellenz, da Ihr Euch nun Griechenland und Kleinasien unterworfen habt, was wollt Ihr als Nächstes tun?« – Alexander antwortete: »Syrien und Palästina sind dran und werden leicht zu erobern sein.« – »Und danach?«, forschte der Hofnarr. – »Danach erobern wir Ägypten!« – »Und nach Ägypten, Herr?« – »Da ziehen wir nach Persien und plündern Persepolis!« – »Ah! Und kommt womöglich noch etwas?« – »Aber ja! Wir besiegen Afghanistan und erobern Indien!« – Der Hofnarr hakte vorsichtig nach: »Und was erwartet Ihr als Lohn für all Eure Siege?« – »Ganz einfach!«, frohlockte Alexander. »Am Ende lassen wir uns nieder und machen uns ein schönes Leben!« – Worauf der Narr zu bedenken gab: »Können wir uns nicht jetzt schon ein schönes Leben machen?«

Nein. Ging nicht. Geht nicht. Alexander konnte das nicht. Wir könnten es natürlich. Aber wir tun es ebenfalls nicht. Wir wollen keine Meister der häuslichen Genügsamkeit werden. Wir bleiben lieber

Reiseweltmeister. Wir machen es wie der eroberungsfreudige König, bleiben allerdings friedfertig und hundertprozentig umweltschonend. Nachhaltig, energiebewusst, verpackungsfrei und in vollendeter Harmonie mit Natur und Kosmos haken wir ein Land nach dem anderen ab. Ach, übrigens Natur: Alexander fing sich in Indien etwas ein, einen Virus oder eine bakterielle Infektion. Was immer es war, er wurde es nie wieder los. Ganz im Gegenteil. Friede den Mineralien, zu denen er geworden ist. Wir werden das besser machen.

Die London School of Economics hat eine sonderbare Studie veröffentlicht zum Verhältnis von Glück und Reisen, eine Studie, in der die Gewohnheiten verschiedener Völker verglichen wurden. Demnach sind die glücklichsten Völker ausgerechnet diejenigen, die überhaupt nicht reisen. Die Isländer gehören dazu, die Thai und eine Anzahl kleinerer Völker, deren Namen uns völlig fremd sind, denn sie lagen bislang nicht auf unserer Reiseroute. Die Londoner Forscher sind sich nicht einig über den kausalen Zusammenhang von Glück und Reisen. Offenbar reisen diese Völker nicht, weil sie bereits glücklich sind, da, wo sie wohnen. Oder es ist anders: Sie sind glücklich, weil ihnen so viele enttäuschende Reiseerlebnisse erspart bleiben. Freilich wissen sie nicht, was ihnen erspart bleibt, es sei denn, sie haben dieses Buch gelesen. Am wahrscheinlichsten scheint die dritte Erklärung: Diese Leute behaupten nur deshalb, dass sie glücklich sind, weil sie sich das Reisen nicht leisten können. Die Armen!

Wahr ist aber wohl, dass Einwohner entspannter Länder wenig oder gar keinen Urlaub benötigen. In einem dicht besiedelten Land wie unserem ist das Grundrauschen der Unzufriedenheit lauter. Um ihm zu entkommen, reisen wir. Und der kleine Trick gelingt! Sobald der Flieger abhebt oder der Zug aus dem Bahnhof gleitet, sobald wir im Auto die Stadt hinter uns gelassen haben oder vom Parkplatz losgewandert sind, fühlen wir uns schon leichter. Beinahe sind wir schon frei. Was später kommt, unterwegs oder am Reiseziel, das ist – nun ja, zumindest im Rückblick ist es lustig! Und zuweilen richtig abenteuerlich. Und absolut erzählenswert. Und davon handelt dieses Buch.

Steinhuder Meer wird nicht reichen

Es gibt diesen Spruch: Wohnen, wo andere Urlaub machen. Das trifft nicht gerade auf unsere Straße zu. Wohl auch nicht auf den Stadtteil. Aber in der näheren Umgebung ist es recht lauschig. Wir müssten nicht Hunderte oder Tausende von Kilometern zurücklegen, um uns zu entspannen und uns wohlzufühlen. Wir könnten uns erholen, ohne Unmengen von Feinstaub oder Kerosin zu verteilen. Wir könnten einfach die Landschaften in der Nähe erkunden. Wir müssten nicht in einem empfindlichen Urlaubsland die Natur ruinieren. Wir würden uns darauf beschränken, sie bei uns zu ruinieren.

Aber, nein, das geht nicht. Wir müssen weiter weg. Denn wir haben ein Problem. Und das sind unsere Freunde und ihre glanzvollen Traumreisen. Aschenbergs beschicken uns alle paar Wochen mit Selfies vor besonnten Sehenswürdigkeiten. Jetzt gerade lehnen sie an der Reling einer handgebürsteten Jacht oder stehen bis zum Nabel im Pool und liften das Sektglas, ohne dass es ihnen peinlich zu sein scheint. Demnächst wollen sie Spiegeleier an der heißen Flanke eines hawaiianischen Vulkans braten und mit einem Pelikan in seinem unverfälschten Biotop schnäbeln.

Natürlich gönnen wir ihnen das, ist ja klar. Aber noch viel mehr ärgern wir uns. Wieso können die es sich leisten, unablässig unterwegs zu sein? Wenn sie mal vorübergehend zu Hause Station machen, wollen sie gleich eingeladen werden, um von ihren exotischen Highlights zu berichten und unseren Bildschirm für ihre Fotos zu missbrauchen.

Mit Flottaus ist es kaum besser. Wenn ihre Nummer im Display auftaucht, wissen wir schon: Die wollen sich jetzt fernmündlich für ihren Wagemut bewundern lassen. White Water Rafting, Nepal Trekking, Powerkiten am Zuckerhut. In der Antarktis, beim Übersetzen von der Expeditionsjacht zu den Kaiserpinguinen ist glatt einer vom Schlauchboot ins Polarmeer gerutscht. Volker konnte ihn gerade noch herausfischen. Ist jetzt auch schon wieder ein paar Wochen her.

Gestern sind sie über die Harbour Bridge in Sydney spaziert. Nicht bürgerlich auf dem Streifen für Fußgänger neben dem rauschenden Verkehr. Sondern oben im Brückenbogen, mit Kletterhelm und Seilsicherung, unter Führung eines wettergegerbten Bridge Climbers. »Ist ja irre!«, äußern wir höflich. Sogar ein Zertifikat haben sie bekommen, ist aber noch nicht gerahmt. »Ihr müsst euch das vorstellen«, erklären sie uns, »wie diese Stockholm Roof Tour, die kennt ihr ja!« – »Ach so, ja, klar«, stottern wir. Stockholm Roof Tour? Was ist das denn schon wieder? »Aber dieser Bridge Climb hier, der ist noch viel besser«, ereifern sie sich, »den müsst ihr unbedingt auch mal machen!« – »Setzen wir gleich auf die

Liste!«, versprechen wir. – »Oder«, forschen sie, »was habt ihr vor?«

Ja, was eigentlich? Mit dem Fichtelgebirge können wir jetzt jedenfalls nicht kommen. Auch Ahrenshoop, Oberes Donautal oder Wetterstein fallen aus. Südtirol, Dänemark, Amsterdam, das würde alles nicht reichen. Theoretisch schon. Klar. Warum sollen wir nicht zu unserer klimafreundlichen Bescheidenheit stehen? Ganz einfach: weil unser Selbstbewusstsein dafür nicht ausreicht. Wir sind nicht frech genug, nicht aufmüpfig, nicht widerborstig genug. Wir fühlen uns unangenehm genötigt, beizeiten etwas halbwegs Spektakuläres entgegenzusetzen. »Wir sind gerade noch in der Planung!« Das muss erst mal genügen.

Alles Übel beginnt mit dem Vergleichen. Das wissen wir. Und können es trotzdem nicht lassen. Bereits während unserer harmlosen Kreta-Rundfahrt beginnen wir zu überlegen, was wir später erzählen wollen, was wir jetzt schon posten und was wir wohl besser verschweigen. Wir werden keine Essensfotos herumbeamen, das ist schon mal hundertprozentig klar. So banal sind wir nicht. Aber dann sieht der Oktopus doch so eigentümlich aus, dass wir unser Smartphone bemühen, und der Wein funkelt so elegant vor dem Libyschen Meer, dass wir es einfach dokumentieren müssen. Ja. Es ist nicht zu ändern. Wir posten Essensfotos. Wir sind einfach nicht so originell, wie wir in unserer Blütezeit dachten.

Und wovon wollen wir später berichten? Von der schmalen Schotterpiste am Steilhang und der Konfrontation mit dem Kieslaster, der partout nicht zurücksetzen wollte? Oder lieber von den zauselig vergreisten Hippies in der einsamen Bucht mit ihren Wäscheleinen im Höhleneingang? Sollen wir den grünlichen Bewuchs an der Wand des Pensionszimmers verschweigen oder macht er uns zu bewundernswerten Märtyrern? Und wie ist es mit unseren kulinarischen Reinfällen? Der Wirt am Marktplatz hat uns gleich zu Freunden ernannt, aber das hat er dann eigentlich mit jedem gemacht. Und geschmeckt hat es nie.

Es ist leider so, dass wir selten gut abschneiden bei unseren Reiseberichten. Unsere Hotels, unsere Flüge, unsere Fähren sind nicht das, was sie sein könnten. Unser Wetter, unsere Mitreisenden, unsere Guides, unsere Fernblicke, unsere Gipfelkreuze, unsere Brandungswellen, unsere Vorspeisen, Hauptspeisen, Nachspeisen, selbst unsere Sonnenuntergänge fallen merklich ab gegen die glücklichen Genussfahrten unserer Freunde. Wieso haben die immer gutes Wetter? Während sie sich sonnten, von lauen Lüften umfächelt, setzte sich über uns ein Tiefdruckgebiet fest und regnete langmütig ab. Erst am Abreisetag klarte es auf.

»Nach der Rückkehr ist man ja immer ein bisschen gerädert«, lächeln wir müde. Das können sie nun überhaupt nicht verstehen. »Wieso denn das? Also, unsere Erholung wird noch Jahre vorhalten! Gott, was haben wir für Energie getankt! Ja, erzählt mal, und ihr seid fix und fertig?« Womöglich machen wir ewas verkehrt. Dank unseres Hotelzimmers haben wir immerhin erstmals begriffen, was eine Hausstauballergie ist. Obendrein raschelte es hinter den Fußleisten, und nachts rollte sich die Tapete von den Wänden. Unsere Freunde lächeln milde. Sie wurden per Upgrading in die Präsidentensuite umgebucht. Sie können es sich selbst nicht erklären, »vielleicht waren wir dem Direktor so sympathisch«.

Während wir die Reisesaison unterschätzt hatten und kaum ein stilles Plätzchen fanden, war auf ihrer ganzen Reise von Rummel nichts zu merken. Nirgends Warteschlangen, keine besetzten Tische. Strand und Pool hatten sie praktisch für sich allein. Wo immer sie auftauchten, war man glücklich, sie zu sehen. Auf dem Schiff wurden sie an den Kapitänstisch gebeten. »Der wollte sich mal niveauvoll unterhalten, hat er gesagt.« Das Essen hatte fünf Sterne, nur reiste der Koch am letzten Tag ab, schade für alle, die nach ihnen kamen. Als sie die berühmte Kathedrale betraten, herrschte vollkommene Stille, niemand sonst hielt sich dort auf, aber auf einmal hob auf der Empore der Chor an zu singen, nur für sie, und dazu brach ein Sonnenstrahl durch die Wolken und leuchtete durch die alten Fenster. »Es war mystisch!«

Wir knirschen leise mit den Zähnen. Unsere Kathedralen waren ausnahmslos eingerüstet, drinnen schoben sich desinteressierte Rentner durch die Bankreihen, aus der Krypta roch es nach Verwesung, und der Steinfußboden hauchte morbide Kälte aus. »Tatsächlich?«, bemitleiden uns die Freunde.

»Das ist ja schade. Wir hatten es rundum gut!« Egal, was sie erlebt haben, es war wie speziell für sie arrangiert. Sie schütteln verwundert den Kopf. »Wir wissen selbst nicht, warum es immer so gut für uns läuft.« Die Berge schimmerten. Das Wasser hatte die perfekte Temperatur. Die Stadt wirbelte fröhlich und abgasfrei um sie herum.

Mit ihrem geschmeidigen Leihwagen, ebenfalls ein kostenloses Upgrade, waren sie die Letzten, die noch auf die Fähre gelassen wurden. »Alle hinter uns mussten zurück und sich eine Übernachtung suchen.« Die Tempelanlagen von Angkor Vat hatten sie zu ihrer Überraschung ganz für sich allein. »Keine Ahnung, wo die anderen Leute alle waren.« In Disneyland wurde die Sperre direkt hinter ihnen zugeschlossen. Genau umgekehrt wie bei uns: Nach stundenlangem Anstehen wurde direkt vor uns dicht gemacht, wegen technischer Probleme. Wir bekamen einen Gutschein für einen Zeitraum, in dem wir ganz bestimmt nicht noch mal anstehen würden.

Aber haben sie nicht einen einzigen Tag trübes Wetter gehabt? Eigentlich nicht, nein. Doch, ja, aber nur an dem Tag, an dem sie sowieso ins Metropolitan Museum gingen. Während der Zeit soll es draußen geregnet haben. Und bei näherem Nachdenken, ja, ein paar, die mit ihnen reisten, die hatten Pech. Einer setzte das Mietcabrio gegen einen Poller, eine Dame wurde beklaut, eine weitere trat in einen Seeigel, einer verdarb sich den Magen, für die benachbarte Gruppe waren die Koffer nicht mitgekommen, etliche litten bis zum Ende unter der Zeitumstellung, und bei der

Studienfahrt kam es zu Knöchelbrüchen zwischen antiken Säulenresten, Schlaflosigkeit in stickigen Zimmern und verpassten Anschlüssen.

Aber nicht bei unseren Freunden. »Wir haben ja immer Glück, wir wissen auch nicht wieso.« Wir wünschen ihnen nur das Beste, selbstverständlich, aber offenbar ist unser Wünschen ja nicht mehr vonnöten. Kleinlaut schildern wir unsere Whale-Watching-Tour. Es war die falsche Zeit, zu spät im Jahr oder zu früh. Bereits in den Tagen vor uns hatten Neugierige sich vergeblich über die Reling gelehnt. Wochenlang war nicht mal eine Schwanzflosse zu sehen gewesen. »Was?!« Unsere Freunde können das nicht glauben. »Also, als wir kamen, tauchte eine ganze Herde auf und vollführte die tollsten Sprünge und unglaublich kunstvolle Spiele. Der Ranger hat selbst gestaunt, so was hat er noch nicht erlebt, hat er gesagt.«

Es ist halt so, wenn unsere Freunde unterwegs sind. Der Landbevölkerung leuchten die Augen, wenn sie ins Dorf kommen. Ungläubig vor Staunen berührt man ihre Kleider. »Das ganze Dorf hat um unseren Wagen rumgestanden. So was hatten die noch nie gesehen.« Im finnischen Blockhaus kam jeden Abend ein Elch, um sein Geweih an ihrer Tür zu scheuern, offenbar eine Liebesbekundung. »Die Einheimischen halten das für ein Glückssymbol.« Auf der Safari tappten Löwen um ihr Zelt und schnaubten freundlich in den Eingang. »Und als wir in den Great Plains aufs Kliff traten, auf diese Abbruchkante bei Fort Macleod, just in dem Moment galoppierte unten eine Büffelherde vorbei, wow, und die Erde bebte!«

So was werden wir möglicherweise nie erleben. Wir können uns nur für andere freuen. Unsere Freunde haben noch den Duft der Lavendelfelder von Valensole in der Nase. Als wir dorthin kamen, war alles abgeerntet, aber der Dieselgeruch der Trecker hing noch in der Luft, immerhin. Und dann kam der Mistral und pustete und brauste und schwemmte fast unser Häuschen weg. Unsere Freunde haben so ein Unwetter auch mal erlebt, »die Straße wurde zum reißenden Wildbach«, und der Mann hat bei der Gelegenheit rasch ein altes Mütterchen über die Straße getragen. »Gott, war die dankbar!« Sie finden immer gleich Kontakt zu den Menschen. Von den einfachsten zu den edelsten Schichten. Man mag sie einfach. Wir hingegen fremdeln. Vielleicht sollte uns doch das Steinhuder Meer reichen oder der Schwarzwald?

Celebrities sind unseren Freunden so was von gleichgültig, aber wie der Zufall es wollte, fuhr gerade die kleine Kolonne der Königsfamilie vorbei, als sie in Stockholm die Straße überqueren wollten, in der Gamla Stan. »Viktoria erkennt man ja sofort an diesem Kinn, aber die war echt freundlich, die hat uns ganz lieb zugewunken.« Und als sie in London in der Lounge saßen, fing ein einsamer Gast ein Gespräch mit ihnen an. »Er war wohl Schauspieler, Colin Firth oder so, ich weiß nicht, kennt ihr den? Soll einigermaßen bekannt sein, aber wir sehen ja nie fern. Na ja, der hat uns eingeladen, mit seinem

Chauffeur einen Ausflug zu machen. Im nächsten Jahr sollen wir auf seinem Schloss wohnen.«

Wir ringen uns durch zu einem schlaffen: »Ist ja echt cool.« Noch mehr würden wir uns allerdings freuen, wenn sie mal mit einem verstauchten Fuß heimkehren würden. Muss ja gar nichts Schlimmeres sein. Oder wenn einer ihrer Reisegefährten ihre größten Flops und Pannen mitfilmen und ins Web stellen würde. Bis dahin müssen wir wohl selbst auf Glückssuche gehen.

Und Sie wollen schon los?

Tatsächlich? Sie haben das Ticket bereitgelegt? Den Nachbarn Bescheid gesagt? Die Koffer gepackt? Sie verreisen wahrhaftig? Schön. Schön für Sie. Und mehr noch für uns. Jetzt werden Sie uns keinen Parkplatz mehr wegschnappen. Sie stehen im Supermarkt nicht mehr mit überfülltem Korb vor uns in der Schlange. Es wird überhaupt keine Schlange mehr geben. Wir kommen spät ins Kino und finden trotzdem einen Platz ohne Sichtbehinderung.

Danke, dass Sie verreisen. Sie werden es uns bitte nicht verübeln, dass wir die spärliche Post lesen, die aus Ihrem Briefkasten ragt. »Verspätungszuschlag und Zwangsgeld«, aha, gar nicht mal uninteressant. Ach, und falls Sie uns den Schlüssel anvertrauen, zum Blumengießen, dann dürfen wir ein bisschen bei Ihnen stöbern, ja? Das geschieht aus rein mitmenschlichem Interesse, also falls mal was ist, nur damit wir wissen, wo die wichtigen Dinge sind. Ihre Passwörter werden ja nicht so kompliziert sein. Andernfalls sind die hoffentlich auf einem Zettel in der Schublade notiert. Nur zur Sicherheit. Kann ja mal nötig sein. Auch im Sinne Ihrer Erben.

Einbruchsversicherung haben Sie? Dann nehmen Sie vertrauensvoll Abschied. Wir entspannen uns zu Hause. Ihnen sei Dank. Die Stadt wird leer. Wird still. Wird der ideale Urlaubsort. In diesen ruhigen Vierteln brauchen wir keine Auslandskrankenversicherung. Keinen Schutzbrief, um notfalls mit dem Hubschrauber ausgeflogen zu werden. Wir brauchen nicht mal einen Pass.

Ihre Impfungen gegen Typhus, Hepatitis, Gelbfieber haben Sie absolviert? Die Beipackzettel lesen Sie besser nicht. Warum sich doppelt ängstigen? Nehmen Sie einfach allen Mut zusammen. Und machen Sie sich bitte keine Sorgen über Tiere, die sich von der Decke herunterlassen. Da, wo Sie hinfahren, gehört das zum authentischen Erlebnis. Wir hier zu Hause, wir drücken Ihnen jedenfalls die Daumen, dass Sie alles heil überstehen oder zumindest mit dem Leben davonkommen. Wir werden uns hier jedenfalls weder an verseuchtem Wasser infizieren noch an Kolibakterien im Salat. Kein tropischer Virus wird sich bei uns einnisten. Wir machen uns keine Gedanken über das Alter von Chartermaschinen, über die Herkunft der Risse in den Tragflächen oder die Weltanschauung des Piloten. Unser Koffer fliegt nicht versehentlich nach Kasachstan. Er wird auch nicht eingedrückt oder von räuberischen Packern geleert. Er ruht total relaxed auf dem Schrank.

Und während Sie sich wundern, wieso der Euro im Ferienland so viel weniger wert ist als bei uns, oder sich mit fremden Münzen und schweißgetränkten Scheinen herumschlagen und bis zum Urlaubsende die Umrechnungstabelle nicht kapieren, bezahlen wir ganz gemütlich in heimischer Währung. Wir müssen auch nicht so tun, als wären wir keine Touristen. Wir sind es tatsächlich nicht.

Sie wollen sich sonnen? Machen wir auch. Unsere Haut jedoch kann durchatmen. Wir müssen sie nicht mit überdosierten Nanopartikeln verschmieren, die dann als Mikroschadstoffe teils in der Blutbahn, teils im Meer landen. Aber, bitte, gute Reise Ihnen! Wir erholen uns unterdessen. Uns zwingt niemand, Kirchen, Klöster und Tempel zu bestaunen. Wir müssen uns nicht anhören, welcher geistesgestörte Fürst oder Bischof unter welcher Grabplatte liegt. Wenn wir aus dem Bus steigen, werden wir nicht von dreisten Händlern mit Tüchern, Ketten und Nippesfiguren bedrängt.

Aber fahren Sie nur! Und, inständige Bitte, versuchen Sie, sich zu freuen! Wir brauchen uns nicht darüber zu ärgern, dass die Restaurants miese Tourimenüs auf den Tisch knallen und der Kellner die Rechnung fälscht. Wir müssen keine WhatsApp-Nachrichten an Leute schreiben, die uns ohnehin nichts bedeuten. Wir brauchen keine Fotos zu posten. Stattdessen freuen wir uns auf die Peinlichkeiten, die Sie online stellen.

Also nur zu! Wir kriegen keinen Jetlag. Wir brauchen nicht mal unsere Uhr umzustellen. Unsretwegen wird kein ozonschädigender Treibstoff ins Ozonloch gepustet und kein Fäkalientank ins Meer geleert. Ohne den Finger zu krümmen, machen wir uns um unsere kostbare Erde verdient. Wir retten die Umwelt. Es sei Ihnen aber gegönnt, wenn Sie meinen, Sie müssten sie unterdessen verschmutzen. Dafür brauchen wir uns nicht in Bus, Flugzeug, Hotel oder Restaurant mit Leuten unter unserem Niveau abzugeben. Bitte erledigen Sie das.

Und, noch einmal dieser dringende Herzenswunsch, bemühen Sie sich, es trotzdem – wenigstens zeitweise – zu genießen! Versuchen Sie zu entspannen. Denken Sie nur rechtzeitig daran, Ihre Liege am Pool mit dem Handtuch zu markieren. Wir zu Hause brauchen das natürlich nicht. Sie müssen in aller Frühe zum Strand hetzen, um noch einen Platz zu ergattern. Wir bleiben dann mal ganz abgeklärt hier sitzen. Und während Sie vom Geplärre fremder Boomblaster genervt werden, lassen wir unsere heimische Anlage powern.

Sie sind ja nicht da. Sie übernachten auf irgendeinem Flughafen, weil die Lotsen oder Piloten streiken. Macht nichts! Kann sogar ganz interessant sein. Dann haben Sie das auch mal erlebt! Wir sind zu Hause, wenn das Paket kommt, auf das wir so lange gewartet haben. Ihres geht an den Absender zurück. Und schade, wenn Ihr Kunde einen hochdotierten Spezialauftrag zu vergeben hat, dann sind Sie nicht erreichbar.

Aber Sie haben ja ohnehin andere Probleme. Dürfen wir uns schon auf kleine Katastrophenberichte freuen? Auf Ihren Sonnenbrand, auf den elastischen Verband, auf die unerklärliche Infektion, auf die Tropenmediziner bereits gespannt sind? Nicht weil sie sie heilen könnten, nein, einfach aus wissenschaftlichem Interesse. Ihr Testament hatten Sie ja gemacht. Dürfen wir noch rasch den Beschwerdebrief lesen, den Sie mit letzter Kraft an den Reiseveranstalter entwerfen, oder falls es über eine Stichwortsammlung nicht mehr hinausgeht – dürfen wir wenigstens die genießen? Und was den Ärger betrifft, wenn die Gepäckversicherung die Zahlung verweigert – wir hören uns das gerne an.

Wissen Sie, wir sind einfach mehr für echte Erholung. Wir wollen uns nicht monatelang die Pfunde abhungern, die frustrierte Reisende wie Sie sich in der Ferne aufspecken.

Wie bitte? Jetzt kommen Sie ins Grübeln? Sie fangen an zu überlegen? Hallo? Sie wollen vielleicht doch lieber Ihren Urlaub zu Hause verbringen? Um zur Abwechslung mal wirklich auszuruhen? Um sich mal richtig wohlzufühlen? Um nachhaltig aufzublühen?

Das hört sich nach einer weisen Entscheidung an! Ja, bitte, tun Sie das. Relaxen Sie. Und damit Sie nicht in letzter Minute schwanken, gehen Sie ganz sicher: Halten Sie den Stress fern. Geben Sie Ihr Ticket weg. Noch heute. An uns!

Bitte nur noch eine Minute!

Ja, es war schön. Vor ein paar Monaten, als wir die Reise geplant haben. Da war es aufregend. Allein die Vorstellung! Und die Bilder im Web, die begeisterten Berichte. Dann das Buchen der von Kennern empfohlenen Unterkunft. Das schlaue Finden des günstigsten Fluges, des supergünstigen Leihwagens. Das Studieren der Karten, der Reisetagebücher fremder Enthusiasten. Der Neid unserer Verwandten und Freunde. Das alles war bereits wunderbar, ja, eigentlich genügte es schon!

Doch jetzt wird es konkret. Jetzt kommt die Wirklichkeit.

Wir müssen packen. Wir sollen wegfahren. Wieso eigentlich? Warum können wir nicht zu Hause bleiben? Wo es uns gut geht! Wo wir ein Bett haben, in dem wir schlafen können, eine Kaffeesorte, die schmeckt!

Selbst wenn wir notorisch von Fernweh geplagt sind, lässt sich nicht leugnen: Der Abreisetermin kommt ungelegen. Später wäre besser gewesen. Ausgerechnet zum jetzigen Zeitpunkt türmen sich dringliche Angelegenheiten. Unerledigte Schreiben, fällige Überweisungen, Telefonate. Es gibt kreative

Projekte, die gerade jetzt, und nur jetzt!, wunderbar in Angriff genommen werden könnten.

Ach, wenn wir nur eine einzige Woche mehr Zeit hätten! Es gibt diese Woche nicht. Am Abend, in der letzten schlaflosen Nacht vor der Abfahrt wird uns klar: Wenigstens einen Tag müssten wir haben. Lediglich einen einzigen Tag für Pflanzen, Tiere, Waschmaschinen. Ist das zu viel verlangt? Wir könnten leichten Herzens Abschied nehmen!

Zu spät. Während wir dem Taxifahrer entgegenbibbern, aufs Klo müssen und hektisch letzte Dinge allerhöchster Priorität erledigen, wünschen wir uns sechzig Minuten. Nur eine einzige Stunde mehr zur Erledigung des Allerwichtigsten! Wir könnten leichten Herzens die Tür schließen!

Es gibt diese Stunde nicht. Der Fahrer klingelt. Das Schicksal packt uns mit knöchernen Klauen. So ungefähr müssen sich die Leute gefühlt haben, die zur Guillotine gerufen wurden.

Oder? Oder sind Ihnen dergleichen Gefühle fremd? Wollen Sie sagen, Sie haben keine Schwierigkeiten mit dem Abreisen, Trennen, Abschiednehmen, mit dem sogenannten Loslassen? Dann gehören Sie zu den dickfelligen Naturen, zu den verhärteten Seelen. Schade!

Aber Sie sind sensibel. Sie kennen das Phänomen des Last-minute-Blues. Die abgrundtiefen Zweifel an der Existenz im Angesicht der Reise. Ich meine nicht, dass Ihnen erst im Taxi klar wird, welches Fenster Sie nicht geschlossen haben und welche Herdplatte noch glüht, weshalb Sie vom Flughafen hektisch den Nachbarn anrufen. Er soll auch das Wasser abstellen und bitte, das tut Ihnen leid, den Müll runterbringen. Der Nachbar ist natürlich nicht da oder schon drüben bei Ihnen zum Fernsehen und Ermitteln des WLAN-Passwortes. Letztes Mal ist er plötzlich selbst weggefahren, und dann quoll Ihr Briefkasten über, und die Hanfpflanzen hatten alle Blätter verloren.

Es ist nicht nur das. Es geht auch keineswegs darum, dass die Flugzeuge so abgenutzt und die Piloten psychisch so instabil wirken. Bahnfahren kann auch niemanden retten. Nein, es geht um das Abschiednehmen an sich. Zu Hause haben wir es sicher und warm. Am Urlaubsort werden wir es vielleicht warm haben, aber bestimmt nicht sicher. Zu Hause können wir uns auf unsere Gewohnheiten verlassen. Das ist entscheidend.

Was wir unser Ich nennen, womit wir uns identifizieren, ist ja nicht viel mehr als ein festes Geflecht von Gewohnheiten. Das müssen wir zurücklassen. Wir müssen also uns selbst zurücklassen. Genau dieser Horror packt uns beim Aufbruch. Wir haben gelernt, ihn zu beschwichtigen. Doch wir sind nur noch eine Hülle, die vom Taxi durch die Stadt gefahren wird. Ein substanzloser Rest von mechanischen Funktionen, der am Flughafen die Formalitäten erledigt. Warum wohl nahm die Queen 147 Gepäckstücke mit auf die Reise, nebst einer Tonne heimischen Trinkwassers für die Teezubereitung? Eben, eben.

Wir müssen versuchen, uns am fremden Ort aus

dem Inhalt zweier Koffer und mittels einer Kreditkarte wieder zusammenzusetzen. Seltsam allerdings, das gelingt mit der Zeit. Nur – wenn es denn gelungen ist, wenn endlich, wie irgendwelche naturbelassenen Völker sagen, die Seele nachgekommen ist, ertönt schon die Fanfare: abreisen.

Und nun erst würden wir gerne bleiben an dem fremden, uns endlich vertrauten Ort. Nun würden wir gern um eine Woche verlängern. Oder mindestens um einen Tag, damit wir unsere Lieblingscafés noch einmal aufsuchen können oder diesen einen legendären Aussichtspunkt, an den wir leider nicht mehr gelangt sind, weil wir dachten, das Wetter würde noch besser werden. Wurde es nicht. Aber nun, während wir auf die Uhr sehen und ausrechnen, wie viele Minuten noch bleiben, nun ist es schön geworden, jetzt strahlt die Sonne.

Jetzt könnten wir natürlich ... aber nein, verweigert, unmöglich. Auch die letzte unerlässliche Stunde Aufschub bleibt uns verwehrt. Rasch den Koffer gestopft, die Schubladen aufgerissen, unters Bett gespäht, nur nichts vergessen.

Vergebens. Während wir beklommen zum Airport fahren, haben wir das vage Gefühl, wir hätten etwas Wichtiges zurückgelassen. Haben wir auch. Als leere Hülle stehen wir in der Schlange am Schalter, umgeben von zappeligen Schatten. Last-minute-Blues.

Drängler, Schieber, Lehnendrücker

Sturm und Starkregen, Verspätungen, Absagen, Havarien, verdorbene Speisen, schale Getränke, Ameisen im Zimmer, Kakerlaken im Kühlschrank, Kopfschmerzen, Durchfall, Malaria – alles geschenkt. Die anstrengendsten Begleiterscheinungen jeder Reise sind die anderen. Die Leute, die das Flugzeug füllen. Die sich in der Bahn ungefragt neben uns pflanzen. Die im Frühstücksraum das Buffet abräumen. Die mit ihrer Drängelei die Seilbahn ins Schwanken bringen. Die überall herumstehen, fotografieren, rufen, Witze reißen, Selfies machen, Aussichtsplätze und Cafés besetzen.

Warum sind sie überhaupt unterwegs? Was treibt sie in die Ferne, raus aus ihren Wohnungen, wo sie ihrem dumpfen Geschmack frönen könnten und uns nicht störten? Es muss der zwanghafte Trieb sein, alles zu kaufen, wofür geworben wird, und alles nachzumachen, was andere vormachen.

Wir – Sie und ich – gehören nicht zu diesen Massen. Umso befremdlicher empfinden wir sie. Wir fragen uns auf der Autobahn: Was tun all diese Leute um diese Zeit hier? Warum fahren die ausgerechnet jetzt von München nach Salzburg? Wir müssen da wirklich hin. Aber diese Straßenverstopfer könnten bestimmt etwas Nützlicheres tun! Warum nehmen sie nicht umweltfreundlich den Zug?

Noch ärger ist es, wenn wir eine Flugreise antreten. Bereits das Betreten der Halle muss unseren sensiblen Geist entmutigen. Dieses niveaulose Gewimmel! Die Schlangen vor der Gepäckaufgabe! Durchtriebene Trickser versuchen während des Wartens, ihre Schrankkoffer zentimeterweise an uns vorbeizuschieben. Dazu all die Heuchler, die monströses Sperrgut und unförmige Riesenrucksäcke als Handgepäck tarnen. Dann die Greise, die ihr sogenanntes Speedy Check-in selbst nicht kapieren und alle anderen aufhalten.

Muss das sein? Kann das Reisen nicht beschränkt werden auf Menschen, die Stil haben? Auf Menschen, an die das Reisen nicht vergeudet ist, auf Menschen wie uns? Gleich an Bord werden wir neben jemand anderem sitzen müssen. Im Warteraum können wir noch eine individuelle Schutzzone aufrechterhalten, indem wir aufs Tablet starren oder kostenlose Zeitungen um uns herum auslegen. An Bord sind die Plätze unerbittlich zugeteilt.

Es besteht noch eine vage Hoffnung, falls die Billigklasse überbelegt ist. Dann darf jemand aufrücken. Vermutlich wird es der grobianische Schlauberger sein, der gleich beim Einchecken vorgefühlt hat: »Falls Sie upgraden, denken Sie bitte an mich?« Oder der andere, der beim Einstieg eine Knieverletzung simuliert (»völlig unerklärlich, eben im Wartebereich passiert«) und um einen Platz mit viel Beinfreiheit gebeten hat.

Wir sind erhaben über dergleichen Schieberei. Also werden wir keinen leeren Platz neben uns haben. Sondern wir werden auf Tuchfühlung neben jemandem sitzen, der noch den Rauch der letzten Zigarette ausdünstet. Sofern er am Gang sitzt und trotzdem aus unserem Fenster fotografieren möchte, halten wir nach seinem ersten Foto die abgegriffene Bordzeitschrift hoch, damit ihm klar ist, wie unzumutbar eine Wiederholung wäre. Wenn er beim Unterarmdrücken nicht nachgibt, müssen wir ihn irgendwann ansprechen: »Wie wollen wir uns über die Lehne einigen? Sie die vordere Hälfte, ich hinten?«

Falls der Flug länger dauert, hat er bestimmt Schnupfen und stößt feinperlige Nieswolken aus. Oder wir werden von hinten regelmäßig angehustet, damit wir immer nur minutenweise Schlaf bekommen. Die Bazillen fernsitzender Huster werden von der Klimaanlage angesogen und aus der Düse über uns wieder ausgestoßen. Säuglinge sind strategisch so im Planquadrat um uns verteilt, dass wir immer aus irgendeiner Ecke angebrüllt werden.

Warum meinen all diese Leute, sie müssten partout mit unserem Flugzeug fliegen, ausgerechnet an den Ort, an den eigentlich nur wir reisen wollen? Werden sie da auch noch die Straßen verstopfen? Die Hotels belegen? Die besten Plätze auf den Ausflugsschiffen wegschnappen?

Natürlich. Wir müssen uns seufzend einreihen in

die Schlangen von Leihwagen auf der empfohlenen Aussichtsroute, müssen uns mit dem Gedränge abfinden auf jedem im Reiseführer erwähnten Platz, setzen unser harmonisierendes Lächeln auf, wenn frohgelaunte Witzebrüller die Echos der Bergschlucht erproben, wir grüßen gequält die angetrunkenen Pilger auf dem Weg nach Compostela, ertragen die von eingeölten Leibern angedickten Pools, die von Schnöseln besetzten Hotelbars, die Frühstücksräume voller Morgenmuffel.

Egal, wie gut wir es organisieren: Die anderen kommen uns auf Reisen immer zu nahe. Selbst wenn wir allein den Yukon runterpaddeln, müssen wir als gepresste Massenware hinfliegen und ebenso wieder zurück. Und in den Lodges und Cabins am Flussufer sind wir auch nicht mehr so ungestört wie die ersten Trapper.

Wie können wir einen Rest eigene Welt behaupten? Oft reicht eine abweisende Miene. Manchmal vorgetäuschte Freundlichkeit. Zuweilen ein Buch, dessen konzentrierte Lektüre in einen schützenden Kokon hüllt. Oder die Kopfhörer unseres Players. Und noch häufiger hilft gar nichts außer der Gewissheit, irgendwann wieder allein zu Hause zu sein.

Alles, was Sie wissen müssen

Kopieren Sie diesen Abschnitt. Laden Sie ihn aufs Smartphone. Er wird Ihnen auf der Reise viel Geld sparen. Denn ich weiß, wohin Sie fahren, und ich möchte Ihnen ein paar Geheimtipps geben.

Der erste: Sie kommen in ein Land der Kontraste. Da, wo Sie hinfahren, gibt es quirlige Städte und unberührte Natur, Tradition und Fortschritt, Arm und Reich, und manchmal prallen diese Gegensätze unvermittelt aufeinander. Woher ich das weiß? Aus dem Reiseführer, vor dessen Kauf ich Sie schütze. Aus den Spezialtipps im Web. Und aus den authentischen Erfahrungsberichten. Ich kann Ihnen also garantieren, dass Sie lohnende Blicke erleben werden und gewaltige Panoramen, bunte Märkte, ehrwürdige Gebäude und liebenswerte Einheimische.

So steht es in Ihrem Reiseführer. In meinem auch. So steht es in jedem, denn es gibt nur einen einzigen Reiseführer oder hat ihn irgendwann mal gegeben: den Ur-Reiseführer, von dem alle anderen abgeschrieben worden sind. Lediglich die Namen von Städten und Gebäuden werden per Suchen-Ersetzen-Funktion ausgetauscht. Wo dieser Ur-Reiseführer zu haben ist? Genau hier.

Bitte sehr: Das Land, in das Sie reisen, hat eine wechselvolle Geschichte. Diese Geschichte hat Spuren hinterlassen, in der Landschaft, in den Bauwerken, aber auch in den Gesichtern der Menschen. Ja, manches dieser Gesichter könnte selbst eine Geschichte erzählen. Die Vorfahren der heutigen Bewohner haben das Land in entbehrungsreicher Arbeit urbar gemacht. Jetzt treiben die Nachkommen eine blühende Landwirtschaft, mit Ausnahme derjenigen in den gebirgigen Regionen, die den kargen Böden in mühevoller Plage Früchte für den Lebensunterhalt abtrotzen. Sie alle leben noch im Einklang mit der Natur.

Aber zunächst einmal gelangen Sie ja in die berühmte Stadt. Sicher fällt Ihnen auf, dass es sich um eine faszinierende Symphonie aus Steinen, Farben und Formen handelt. Das neue Selbstbewusstsein des Landes drückt sich in modernen Bauten und fortschrittlicher Architektur aus. Doch die Einheimischen haben sich ihren Sinn für Tradition bewahrt. Sie sind stolz auf die imposanten Baudenkmäler, die immer noch Zeugnis ablegen von der eindrucksvollen Baukunst der Vergangenheit. Zugleich jedoch sind die Einwohner offen für Neues.

Schauen Sie gern genauer hin. Über einigen historischen Ensembles liegt der Charme des Morbiden. Versäumen Sie nicht, die Fassade des Schlosses zu bewundern; sie sucht ihresgleichen. Hier residierten einst bedeutende Herrscher. Eine großzügige Freitreppe führt zur monumentalen Säulenhalle. Nicht weit davon die alte Kathedrale, deren Türme Sie schon von weitem gesehen haben. Sie zeichnet sich durch eine prunkvolle Innenausstattung aus und lädt zum Verweilen ein. Nehmen Sie sich ruhig Zeit für die kostbaren holzgeschnitzten Reliefs und die Statuen mit dem verinnerlichten Gesichtsausdruck. Ein paar ausgetretene Stufen führen in die Krypta mit den Sarkophagen einstiger Fürsten. In der Ostfassade können Sie noch Steine des Vorgängerbaus aus dem achten Jahrhundert entdecken.

Wenn Sie aus der Tür treten, brauchen Sie nur ein paar Schritte zu gehen, schon befinden Sie sich mitten auf dem zentralen Platz. Er ist Dreh- und Angelpunkt der Stadt. Hier herrscht immer reger Betrieb. Sehen und Gesehenwerden ist das Motto. Der Brunnen dient als bevorzugter Treffpunkt für Verliebte. Auf den Terrassen der Restaurants mischen sich Künstler und Schriftsteller unter die Gäste und tauschen Neuigkeiten aus.

Geheimtipp: Setzen Sie sich in eines der Cafés und sehen Sie dem bunten Treiben zu. Noch geheimer: Begeben Sie sich anschließend in eine der schattigen Seitengassen, wo sie abseits vom Trubel noch das ursprüngliche Leben entdecken können. Schlendern Sie durch die pittoresken Gänge mit den gemütlichen alten Weinstuben und den poetischen Winkeln mit den bunten Häuschen, in denen Handwerker und Künstler wohnen. Leider werden sie zunehmend von eleganten Boutiquen verdrängt.

Und dann besuchen Sie gern noch den Markt. Er ist frühmorgens am interessantesten, wenn sich buntes Obst und Gemüse hoch auf den Ständen türmt.

Genießen Sie das farbenfrohe Getümmel und die anpreisenden Rufe der Händler. Wenn all das zu viel ist – der Park, ein paar Kilometer weiter, ist eine grüne Oase der Ruhe. Und wenn Sie Zeit haben, spazieren Sie doch noch über den Friedhof. Mit den zahlreichen Gräbern berühmter Verstorbener nimmt er einen besonderen Rang ein.

Noch ein wichtiges Wort zu den Einheimischen: Sie essen und trinken gern und feiern ausgelassen. Sie öffnen sich dem Fremden nicht sofort, dann aber umso herzlicher. Die Hektik unseres modernen Lebens ist ihnen fremd. Sie haben sich eine eigene Gelassenheit bewahrt.

Schön, nicht wahr? Sicher werden Sie wiederkommen wollen. Es handelt sich um ein Land, in dem es noch viel zu entdecken gibt.

Na, bitte. Das ist Ihr Reiseführer. Der Ur-Reiseführer für alle Länder. Sie vermissen genaue Adressen und Öffnungszeiten? Die stimmen auch in den teuren Reiseführern nicht und werden nicht mal im Web aktualisiert. Also kopieren Sie diese Seiten. Sie lassen sich überallhin mitnehmen und wiegen nur einen Bruchteil der anderen. Und trotzdem steht genauso viel drin.

Das multiresistente Zugabteil

Landschaften ziehen vorbei, kleine Städte, Wälder, Wiesen, Alleen, blinkende Flüsse, baumbestandene Hügel, ferne Kirchtürme – reisen Sie gern mit der Bahn? Ich ebenfalls. Ach, Zugfahrten könnten so schön, so entspannend sein! Und zwar dann, wenn wir, Sie und ich, jeder sein privates Sechserabteil hätten. Aber oft haben wir nur die Wahl, ob wir in der Ruhezone des Großraumwagens allerlei Business-Talk mit anhören. Oder in einem Sechserabteil den Atem des Nachbarn aufsaugen.

Sicher haben Sie sich schon kaltblütig in eines jener leeren Separées begeben, in dem laut Beschilderung sechs Schwerbehinderte sitzen sollen. Ich habe Sie da jedenfalls schon sitzen sehen, kerngesund. Macht ja nichts! Wenn wir unbehelligt reisen wollen, müssen wir unsere Freiheit verteidigen. Wir brauchen Abschreckungsstrategien. Wie können wir suchende Mitreisende von unserem Abteil abschrecken? Oder im Großraumwagen wenigstens auf Distanz halten?

Die sollen gar nicht erst unsere Abteiltür aufziehen und scheinheilig fragen: »Ist hier noch frei?« Die sollen freiwillig weiterziehen. Sind Sie vorbereitet für den Verteidungsfall? Wenn ich Sie richtig erkannt habe, wenden Sie die Hausfrauenmethode aus dem heimischen Stadtbus an: Sie belegen die Nebenplätze mit Taschen und Tüten.

Richtig so. Breit machen. Sie und ich sind zu fein, um auf dem gegenüberliegenden Platz eine Zeitung auszubreiten und die Füße darauf zu lüften. Obwohl ein kurzer Moment der Unfeinheit oft viele Stunden der Feinheit ermöglicht. Auch platzieren wir kein Sixpack Bier plus Soundbox neben uns. Zumal so ein Arrangement irrtümlich Gleichgesinnte anlocken könnte. Nein, wir wenden subtilere Abschreckungsmethoden an und hoffen, dass andere subtil genug sind, sie zu begreifen.

Jeder Halt an einem Bahnhof ist eine neue Zitterpartie. Wir haben im Großraumwagen ein paar freie Plätze um uns herum. Da soll sich keiner hinpflanzen. Oder wir sitzen in einem eigenen, bereits in unseren Privatbesitz übergegangenen Abteil, in idyllischer Abgeschiedenheit. Nun hält der Zug, um neue dreiste Reisende einzulassen. Schon schieben sich unverfrorene Neuankömmlinge am Abteilfenster vorbei. Schamlos blicken sie in unser köstlich leeres Abteil und zögern bereits.

Warum sind die heimeligen Vorhänge abgeschafft worden, die man zuziehen konnte, um Tiefschlaf vorzutäuschen? Und wollte nicht unser Nerd-Neffe, der sich bereits in mehrere europäische Nachrichtendienste eingehackt hat, endlich mal ein Programm erstellen, mit dem wir vom Handy aus die elektronischen Reservierungsanzeigen manipulieren können?

Zu spät. Jetzt kommt es auf altertümliche Abschreckung an. Lesen Sie bloß nicht in einem Buch! Zu Lesern setzt der andere sich gern. Der Philosoph Ernst Bloch hatte bei Zugfahrten niemals ein Buch bei sich, sondern stets einen Gehstock, mit dem er die freien Sitze neben sich belegte. Dann streckte er ein Bein steif von sich, holte einen riesigen Schnupflappen heraus und schnaubte, dass die Achsen bebten. Er blieb immer allein.

Hier weitere Ratschläge großer Philosophen: Bananen schälen. Gekochte Eier pellen, die Schalen auf dem Nebensitz ablegen. Recyclebare Dosen mit eingeweichtem Bulgur aufbauen. Aus einem Tempotaschentuch quellende Leberwurstbrote auswickeln, auch vegane Varianten helfen. Dieses Arsenal der Abschreckung benötigt eine eigene Tragetasche? Ja, allerdings, und zwar eine mit Reklame vom Getränkecenter, ausreichend abgeschürft, bräunlich befleckt, oder einen Jutebeutel im Zustand ökologischer Verwesung.

Sie wollen leichter reisen? Dann setzen Sie wenigstens bei jedem Halt eine Sonnenbrille auf, die Ihnen den Touch des Fieslings gibt. Und falls Sie als Paar unterwegs sind, beginnen Sie einen lauten Streit just in dem Augenblick, in welchem Zugestiegene ins Abteil schauen.

Sie reisen allein? Halten Sie wenigstens Ihr Handy ans Ohr und telefonieren Sie lautstark ins Leere. Setzen Sie eine dieser preisgünstigen Atemmasken auf, wie sie in Peking und Hongkong getragen werden. Vor sich haben Sie ein selbstgedrucktes Infoblatt mit der Headline *Multiresistente Viren.* Wenn trotzdem noch jemand den Platz neben Ihnen anvisiert, husten Sie gepeinigt darauf. Ich selbst bevorzuge den gesunden Weg des Borderliners. Ich führe bei jedem Halt debile Selbstgespräche, mit schiefer Brille und leicht heraushängender Zunge. Das wirkt Wunder! Und falls sich demnächst trotzdem jemand zu mir setzt, weiß ich, dass Sie es sind, weil Sie dieses Buch gelesen haben und mich durchschauen.

Na, schön. Seien Sie willkommen. Aber packen Sie ja nicht Ihr Käsebrot aus!

Ernüchterung

Auf Reisen lernen wir das Staunen wieder. Das weiche Licht, die leuchtenden Farben, die würzigen Aromen in der lauen Brise. Selbst das Chaos, das sich hinter der Sperre am Airport auftut, empfinden wir wohlwollend als berauschende Energie. In den wuseligen Menschenmassen entdecken wir urwüchsiges Temperament. Der anarchische Verkehr nötigt uns anerkennende Verwunderung ab. Und selbst Gewerbegebiete besitzen einen gewissen exotischen Charme.

Am Anfang jedenfalls ist das so. Die Ankunft an einem Urlaubsort ist die Ankunft im Paradies. Die Vertreibung daraus folgt wenig später. Am ersten Tag haben wir die Gabe, alles schön und begeisternd zu finden. Am zweiten blicken wir uns genauer um, und die Gefühle sind gemischt.

Wenn wir ausnahmsweise pauschal gereist sind, treffen wir als Erstes die Leute, die das immer tun. Beim vorgeschriebenen Begrüßungstreff stehen sie in zerknitterten Shorts um einen Reiseleiter im Anzug oder sitzen hufeisenförmig um eine geföhnte Hostess. Alle sind unausgeschlafen, alle um vier Uhr aufgestanden, jetzt aber zu hochprozentigen Begrüßungscocktails aus Kaktusfeigen oder modrigen Pflaumen verdonnert.

Wichtige Informationen über das Hotel und bekannte Sehenswürdigkeiten rauschen vorbei, dazu bereits – das ist tröstlich – erste Hinweise zur Rückreise. Werbeprospekte empfehlen Busausflüge zu Flamencoabenden, Bauchtanzgruppen und Fackeljongleuren, dreifach gezwiebeltes Hammel-Stifado inbegriffen. Dann noch ein bunt gedrucktes Anzeigenfaltblatt mit einem unleserlichen Stadtplan in der Mitte.

Alle sitzen dumpf da. Ein Wichtigtuer stellt Fragen, die anderen zerknirschen den Zuckerrand ihres Cocktails. Der Urlaub mag weitergehen, wie er will: Paradiesisch kann er nach so einem Start nicht mehr werden.

Aber natürlich ist Ihnen und mir das völlig fremd. Wir reisen nicht pauschal. Wir sind Individualisten. Total autonom stehen wir am ersten Tag vor dem Hotel und fragen uns, wie der Fotograf es geschafft hat, den brutalen Bau mit so viel Grün oder gar mit Meer und herangezoomten Bergen aufzunehmen. Und hat er vielleicht sonntags bei Sonnenaufgang fotografiert? Oder weshalb waren all die Autos nicht zu sehen, die sich jetzt dröhnend vorüberwälzen?

Wir unternehmen einen Erkundungsspaziergang. Angeblich soll alles ganz nah sein. Aber die Altstadt liegt wohl doch irgendwo anders. Hier sieht alles mehr nach Blähbeton aus. Sexyland, Original Irish Bar, Automatencasino, überragt von einem Bürohaus mit bronzierten Scheiben. Manchen Ländern sollte man den Fortschritt einfach verbieten.

Vielleicht gehen wir besser in die andere Richtung. Wenn wir ans Meer gereist sind, erkennen wir jetzt, dass wir eine Weile fahren müssen, wenn wir nicht zwischen all den anderen Fehlgereisten Platz nehmen wollen. Wenn wir in den Bergen sind, fallen uns schon von fern die glitzernden Busse an der Talstation auf. Die lärmende Besatzung werden wir oben treffen. Alles könnte so schön, alles könnte vollkommen sein! Es wäre ganz einfach! Warum ist es nicht so?

Oder kennen Sie einen geheimen Ort in Mittelschweden oder im Languedoc, etwas Abgelegenes, das beinahe schon Ihnen gehört? Es gehört auch noch ein bisschen den Einheimischen, klar. Aber Sie sind schon so häufig da gewesen, dass man Sie dazuzählt. Dreißig Kilometer, bevor Sie den Ort erreichen, fühlen Sie sich bereits heimisch und sicher. Dann, bei der Einfahrt, entsteht so ein leises Bangen. Was bedeutet dieser Bauzaun? Und dieses Hinweisschild auf einen Discounter?

Der Empfang in der geheimen Pension hat sich verändert. Der Tresen glänzt jetzt rustikal poliert mit eingelassenen Leuchtdioden im Schnitzwerk. Sind Sie erst zum dritten Mal hier? Dann erwartet Sie eine weitere Überraschung. Die Wirtin, die Sie im letzten Jahr so herzlich und mit persönlicher Wärme verabschiedet hat, erkennt Sie nicht wieder. Erst wenn Sie durch präzise Erinnerungen nachgeholfen haben, scheint ihr etwas einzufallen. Oder sie hat das Geschäft wegen ihrer abgeschabten Gelenke dem Sohn übergeben. Der will einiges anders machen. Vor allem mehr Geld verdienen.

Immerhin, Sie bekommen Ihr gewohntes Zimmer. Doch auch hier klebt jetzt ein Schild neben dem Badezimmerspiegel, das Sie auffordert, der Umwelt zuliebe Ihr Handtuch möglichst lange zu benutzen. Sie treten auf den Balkon. Ah, immerhin. Da sind die beruhigenden Fixpunkte der Landschaft. Den Berg wird man ja wohl nicht abreißen. Nur der Garten des netten alten Mannes ist verschwunden. Die Fläche ist zementiert und dient zwei Autos als Stellplatz. Das Motorengeräusch wird Sie morgen früh wecken. Sie legen sich aufs Bett. Die Federn quietschen unverändert. Ein kleiner Seufzer. Willkommen im Paradies. Auch hier werden Sie es sich selbst schaffen müssen.

Zimmer mit Magnetstreifen

Es gibt Nächte, da sind wir für die letzte Absteige dankbar. Etwa wenn wir auf gut Glück losgefahren sind, aber alle anderen haben gebucht, und nun ist kein Zimmer zu haben. Wir wollten in Granada übernachten, es ist aussichtslos. Nun entfernen wir uns immer weiter, die Hotels werden rarer, alles ist überfüllt wegen irgendeines überflüssigen Nationalfeiertages. Schließlich fragen wir im letzten offenen Laden und landen im Hinterzimmer bei der ketterauchenden Urgroßmutter.

Oder in Utah ist uns versichert worden, Motels gebe es an jeder Ecke, und dann fahren wir zwei Stunden und sehen nur Getreidesilos. Es wird Nacht, und endlich liegt da ein Motel, aber das ist belegt bis unters Dach, weil es das einzige ist im Umkreis von hundert Meilen. Da sind wir froh, wenn uns an der Tankstelle ein räudiger Farmer lotst, und schließen dankbar die Augen in einem Verschlag mit Drahtmatratzen und einer hustenden Kuh hinter der Bretterwand.

Doch gewöhnlich sind unsere Ansprüche höher. Wir wollen ein sauberes, ruhiges Zimmer nebst ausgeleuchtetem Bad. Wir möchten aufs Meer sehen, wobei der Balkon bitte windstill liegt. Wir sind auch mal mit Blick auf den Park zufrieden, möchten allerdings nicht durch das Grölen von Betrunkenen wachgehalten werden oder vom Geschrei läufiger Katzen. Wir wollen die Stadt überblicken, aber wenn wir bei geöffnetem Fenster schlafen, möchten wir keinen Straßenlärm hören.

Selbstverständlich dürfen andere Gäste da sein. Wir wollen kein leeres Hotel wie in *Shining*. Aber es wäre gut, wenn die anderen nicht allzu deutlich wahrnehmbar wären. Optimal, wenn es ein leeres Pufferzimmer gäbe zwischen uns und den anderen. So etwas verlangen wir natürlich nicht ausdrücklich, nein. Schließlich sind wir ganz unkompliziert. Wir möchten uns einfach nur wohlfühlen.

Doch gerade das ist nicht einfach. Wir betreten jede Hotelhalle ein wenig beklommen. Fast jedes Foyer wirkt abweisend und übertrieben, und das Lächeln des Personals überzeugt nicht. An der Rezeption steht eine größere Gruppe lärmender Pauschaltouristen. Offenbar ist gerade die Vergabe der Schlüssel oder Keycards im Gang. Die Krawallisten schnappen uns die letzten Zimmer weg.

Zweifellos Leute unter unserem Niveau. Lästig. Leute über unserem Niveau allerdings – über unserem finanziellem Niveau, das geistige ist unerreichbar – sind meist noch belastender. Wir haben leider Zeit, uns umzusehen. Die Halle wirkt einigermaßen nobel. Die Erfahrung lehrt uns, dass das überhaupt nichts besagt. Foyer in Marmor und Gold, und oben auf den Fluren schimmelt die Tapete und die Kabel platzen aus den Wänden. Trotzdem: Wie kommt diese abgründige Busgruppe hierher? Zahlen diese johlenden Banausen den günstigen Herdentarif? Und wieso kümmert sich das gesamte Personal nur um sie? Wir warten in banger Ungewissheit.

Und die wird mitunter noch schlimmer. Wenn nämlich eine livrierte Dame kopfschüttelnd auf ihren Monitor blickt und tippt und sucht und schließlich fragt, wann wir denn gebucht hätten. Über welches Portal? Oder mit wem wir gesprochen hätten? Sie verschwindet nach hinten, diskutiert da lange, wir sehen es durch die Lamellen, jemand anderes starrt uns von dort an; dann kehrt sie achselzuckend zurück und bedauert.

Es gibt solche bitteren Momente. Meist gehen sie vorüber. Wir kriegen einen leibhaftigen Schlüssel oder eine Plastikkarte. Bei noblen Hotels der Vintage-Kategorie wird noch ein Kofferträger herangewunken. Das Geld für ihn würden wir gern sparen, zumal wir nur Scheine bei uns haben. Wieso schimmert da eigentlich Arroganz durch seine aufgesetzte Freundlichkeit? Wofür hält er uns? Ganz einfach: Geben wir ihm zu wenig, hält er uns für Knauser, geben wir ihm zu viel, für Dummköpfe. Er lässt uns den Vortritt zum Fahrstuhl, oben im Gang folgen wir ihm.

Sollen wir es rührend finden, dass es so etwas Altertümliches noch gibt: einen, der die Zimmertür aufschließt? Doch egal, wie retro: Dem Öffnen folgt ein Moment zwischen Furcht und Hoffen, wie in der Kindheit beim Einlass zur Bescherung. Nur dass wir jetzt nicht mehr an den Weihnachtsmann glauben. Blitzschnell erfassen wir, dass die Aussicht direkt aufs Umspannwerk geht. Während der sogenannte Boy uns erklärt, wie man das Licht einschaltet und den Wasserhahn aufdreht, überlegen wir bereits, wie wir das Zimmer tauschen können. Wir sollten uns vorsichtshalber noch nicht auf die Betten werfen. Kurz aufs Klo, klar, das muss möglich sein; die Hygiene vortäuschende Papierabdeckung klemmen wir anschließend wieder auf den Sitz.

Gewöhnlich haben wir jedoch Schwierigkeiten, überhaupt so weit zu kommen. Denn wir sind in einem zeitgemäßen Budgethotel abgestiegen. Man hat uns am Empfang eine Plastikkarte mit Magnetstreifen überreicht. Mit weltläufiger Souveränität haben wir sie entgegengenommen. Doch jetzt, im Flur, warten wir lieber ab, bis kein anderer Gast mehr zu sehen ist. Es ist einfach zu peinlich: Schiebt man die Karte irgendwo rein? Wo wäre der Schlitz, unterm Griff, darüber, seitlich? Oder hält man sie irgendwo dagegen? Muss man damit vor einem unsichtbaren Sensor hin und her wischen? Brauchen wir das WLAN-Passwort? Und werden unsere Versuche von einer Kamera diskret aufgezeichnet, damit wir uns später im Best-of-Dummies-Clip auf YouTube wiederfinden? Dann können wir ja gleich auf den Agententrick Nr. 1 zurückgreifen und mit der Karte zwischen Tür und Rahmen herumstochern, bis sie aufspringt.

Na, bitte! Da haben wir es! Ah ja. Das Zimmer hat Pauschalgröße. Es sieht aus wie alle anderen Zimmer in allen anderen Hotels dieser Kategorie: mit dem Flachbildschirm an der Wand gegenüber dem zu schmalen Bett, mit der eingezwängten Sitzecke, dem Einbauschrank mit den diebstahlgesicherten Bügeln. Im Badezimmer springt zugleich mit dem Licht die Entlüftung an, stoppt aber nicht beim Lichtausschalten. Um uns den Ventilatorlärm zu ersparen, werden wir nachts mit der Taschenlampe oder einem Streichholz aufs Klo gehen. An der Klopapierrolle ist das aktuelle Blatt sorgsam zum Dreieck gefaltet; wir sollen nicht ins Grübeln kommen, wer hier wann zuletzt etwas abriss und weshalb.

Prüfen wir die Matratzen. Egal wie sie sind, sie sind anders als zu Hause, zu hart, zu weich, womöglich auch zu durchgelegen. Die Chipsreste unterm Bett sind ebenfalls nicht unsere. Oder handelt es sich um vom Pflegepersonal ausgelegte Rattenköder? Wir versuchen die Fenster zu öffnen, ohne uns von ihnen erschlagen zu lassen, oder stemmen die Balkontür auf. In der Regel wohnen wir nicht allzu weit von der Fritteuse. Fast immer tropft auch irgendetwas von oben, hoffentlich nur Wasser.

Aber nun sind wir schon mal hier und haben uns beinahe schon eingewöhnt, sollen wir uns die Mühe des Zimmerwechsels machen? Mit welchem Argument? Dass wir das hydraulische Ächzen des Fahrstuhls hören? Können wir behaupten, wir seien Reisereporter, spezialisierte Anwälte, YouTuber vom Travel Channel auf Testfahrt? Aber kriegen wir dann überhaupt ein Wunschzimmer, etwa am Ende des Gangs, was im Falle eines Feuers ja auch nicht so ungünstig wäre, und in diesen Ländern weiß man nie?

Wir studieren den Grundriss des Stockwerks mit dem eingestrichelten Fluchtweg und beschließen zu bleiben. Die Wahrheit des Zimmers offenbart sich ohnehin erst bei Nacht, wenn wir den Hitzestau unter den vollsynthetischen Bettdecken erleben. Dann hören wir die Geräusche plötzlich überdeutlich und schmerzhaft vergrößert. In der Halle spielt immer noch dieser Mann am Klavier mit seinem stumpfsinnigen Schlagzeugcomputer. Der Lärm der Gäste an der Bar ist übermütiger geworden, es handelt sich wohl um eine Versammlung aus belobigten Vertretern. Vom Balkon aus haben wir vorhin noch Damen eintreffen sehen, die am Lob mitverdienen wollen.

Jetzt bemüht sich jemand nebenan an der Tür. Oh je. Der weiß auch nicht, wie der Magnetstreifen gehalten, eingeschoben oder durchgezogen wird. Nun versucht er es mit stumpfem wütendem Dagegenwerfen. Oh, das scheint zu klappen. Tür offen. Er stürzt rein. Rafft sich auf. Knallt die Tür zu. Vielen Dank. Und richtig, schon rauscht die Klospülung. Dann wird der Fernseher eingeschaltet. Sollen wir der Einfachheit halber dasselbe Programm sehen? Oder leistet sich der Kerl drüben das kostenpflichtige Spezialprogramm? Über uns versammeln sich unterdessen die Pauschalreisenden zu einem kleinen Fest. Es ist immer schön, wenn andere Menschen heiter sind.

Oder liegen wir nur wach, weil die Betten im Fokus geballter magnetischer Störfelder stehen? Draußen in der Ferne blinkt ein Turm. Liegen wir in seinem Funkstrahl? Oder ist das nur das Vibrieren der

Minibar, die wir auch nicht aufgekriegt haben, weil unser Magnetstreifen inzwischen abgenutzt ist? Nur wenn wir einfach deren Stecker ziehen würden, würde das elektronisch verzeichnet und vom Concierge ausgelesen werden.

Und wenn wir nun schlummerlos bleiben, werden wir dann wenigstens als Allererste zum Frühstücksbuffet aufbrechen? Nein, im Morgengrauen werden wir gerädert einnicken. Und werden unten erst eintreffen, wenn alles abgefressen ist.

Immerhin, es bleibt uns eine Hoffnung: dass das Auschecken schneller geht als das Einchecken. Ach ja, und wir können die Minipackungen Duschgel und Bodylotion aus dem Badezimmer mitnehmen und das Schuhputztuch. Dann haben wir schon mal kleine Geschenke. Für die beneidenswerten Daheimgebliebenen. Denen wir schon aus Rache vorschwärmen werden, wie toll das Hotel war. Wir müssen nur sehen, dass wir es so fotografieren können, dass die hässliche Umgebung nicht draufkommt.

Auf getrennten Straßenseiten

Meine Frau und ich streiten gern. Leider kommen wir im Alltag zu selten dazu. Deshalb freuen wir uns so sehr auf den Urlaub. Da haben wir genügend Zeit und zum Glück auch genügend Anlass. Bereits dass meine Frau in der Abflughalle um Längen hinter mir zurückbleibt, einfach weil sie den schwereren Koffer zieht, gibt Zündstoff. Dadurch schieben sich nämlich konkurrierende Mitreisende vor uns, und wir müssen unangemessen lange in der Schlange stehen.

Gespannte Atmosphäre beim Einchecken: Das ist schon mal ein vielversprechender Start. Im Flugzeug fragen wir uns gern gegenseitig ab. Hast du daran gedacht, die Kellertür zuzuschließen? Oder: Den USB-Stick hast du diesmal hoffentlich mitgenommen? Es geht nicht immer auf Anhieb, doch mit Ausdauer und gutem Willen finden wir stets etwas, das der andere vergessen hat oder unbedingt hätte tun sollen.

Und das ist gut, denn Streit lebt nicht von Luft allein. Streit lebt von Fakten. Aus diesem Grund nimmt meine Frau gewöhnlich eine Liste mit in den Urlaub. Alles, was sie im Alltag nicht hat loswerden können, soll unsere Ferientage aufpeppen. Motto: Jetzt habe ich diesen Mann mal von morgens bis abends, da können wir endlich so einiges klären. Und natürlich bieten auch die Umstände am Urlaubsort selbst reichlich Anlass zur Zwietracht.

Das Hotelzimmer ist gewöhnlich zu klein und gewährt, selbst wenn es sich Suite nennt, kaum Ausweichmöglichkeiten. Würdest du vielleicht mal die Schranktür zumachen, ich möchte vorbei?! Hast du vor, noch lange im Badezimmer zu bleiben? Kannst du vielleicht im Urlaub mal darauf verzichten, die öden News zu lesen? Willst du das Licht noch lange anlassen oder darf ich irgendwann schlafen?

Dergleichen Fragen, im richtigen Ton vorgetragen, fördern jene Zwistigkeiten, die für einen abwechslungsreichen Urlaub so wichtig sind. Wenn du den halben Tag verschläfst, brauchen wir uns nicht zu wundern, wenn wir nichts zu sehen kriegen! Warum willst du ausgerechnet diese triste Gasse fotografieren, das wird doch sowieso nichts! Kannst du dich nicht wenigstens jetzt mal vernünftig ernähren? Willst du in dem Aufzug ins Boot steigen?

Es ist wichtig, die Atmosphäre immer von Neuem aufzuladen. Allzu leicht schleicht sich sonst einförmige Harmonie ein. Es müssen keine dramatischen Szenen in der Gemäldegalerie sein, und Türenschlagen ist im Hotel oft wegen der Dämmung nicht möglich. Nein, bei der unvermeidlichen Nähe im Urlaub reichen subtile Verschiebungen im Tonfall oder in der Gesichtsmuskulatur, um die nötige Spannung aufzubauen. Sie kennen sich aus? Oder brauchen Sie Anregungen?

Wenn Sie ein Mann sind, rate ich dazu, Ihre Frau häufiger zur Eile anzutreiben. Sie braucht sich nicht auch noch im Urlaub zu schminken oder vor Schaufenstern stehen zu bleiben. Noch wichtiger aber ist es, dass Sie als Mann Verantwortung delegieren. Übertragen Sie Ihrer Frau die Verantwortung vor allem für die Misshelligkeiten, die in der Fremde unweigerlich auftreten. Verschlossene Museumstüren, verspätete Flüge, schmutziger Strand, irgendwie hat sie bestimmt dazu beigetragen. Nach meiner Erfahrung sind Frauen auch am schlechten Wetter nie ganz unschuldig.

Wenn Sie hingegen eine Frau sind, nutzen Sie die Schwächen Ihres Mannes, die in der ungewohnten Umgebung deutlicher zutage treten. Hier kann er sie schlechter überspielen. So ganz sicher wird er mit dem Leihwagen schon nicht sein. Na, fragen Sie, kommst du nicht zurecht? Macht dir Probleme, oder? Weisen Sie lobend auf den Experten in der Reisegruppe hin, der viel besser Bescheid weiß als Ihr Mann. Oder entlarven Sie seine Unkenntnis mit einem Blick in die Reiseführer-App.

Vor allem aber: Lassen Sie ihn nicht entwischen. Er entzieht sich zu Hause oft genug. Jetzt soll er sich mal stellen. Sie wollen ja nichts anderes als einen besseren Partner aus ihm machen! Der Urlaub bietet dazu die günstigste Gelegenheit. Erziehen Sie ihn, am besten vor Zuschauern, etwa vor der Reisegruppe; sonst gräbt es sich nicht tief genug in sein

Gedächtnis. Ich persönlich liebe es zum Beispiel, wenn in abendlich froher Runde meine Frau über den Tisch ruft: Jetzt hast du aber genug getrunken!

Das nur als Tipp. Insgesamt sind unserer Kreativität keine Grenzen gesetzt, wenn wir die Ferien abwechslungsreich gestalten wollen. Und wenn wir erst die Betten auseinandergerückt haben und uns schweigend am Frühstückstisch gegenübersitzen, wenn wir auf getrennten Straßenseiten vom Strand zum Hotel zurückkehren oder den ganzen Tag allein verbringen und frühere Rückflugmöglichkeiten studieren, dann stärkt sich unser Immunsystem, dann erst wirkt der Urlaub nachhaltig, dann wissen wir wieder: Es hat sich gelohnt.

Der Bus ist das Ziel

Wer reist, fährt Bus. Nicht ständig, aber länger als wünschenswert. Vor allem sogenannte Kultur- oder Studienreisen entpuppen sich als ausgedehnte Busfahrten. Möglich, dass in einer Pause die Reste einer versunkenen Kultur ins Blickfeld gelangen. Viel Zeit bleibt dafür nicht. Der Bus muss weiter. Er ist der Mittelpunkt. Und die eigentliche Kultur, um die es geht, ist die Kultur unserer Mitreisenden. Sie sind das Studienobjekt einer jeden Studienreise.

Ob erst die Han-Dynastie, dann die Tang-Dynastie kam und ob die Sassaniden vor den Safaviden herrschten oder umgekehrt, haben wir binnen kurzem vergessen. Aber wie Frau Schade vier Stunden lang dem Fahrer in den Nacken redete, wie Herrn Schöne das Müsli vom Klapptisch kippte oder wie Herr Geissler in die Kiwi biss, so dass drei Reihen vor und hinter ihm unbewohnbar wurden, das bleibt ewig in Erinnerung.

Vielleicht haben wir uns gleich am Anfang falsch entschieden. Beim folgenschweren ersten Einsteigen. Da wurden die Plätze vergeben, nicht offiziell, doch desto nachhaltiger.

Wir sind demokratisch und friedliebend; unser innigster Wunsch ist es, dass es allen Menschen gleichermaßen gut geht. Nur nicht bei der Vergabe der Sitzplätze.

Sobald beim Empfang am Flughafen der Reiseleiter den Arm ausstreckt: »Das ist Ihr Bus!«, setzt eine subtile Beschleunigung aller ein. Niemand rennt. Auch wir selbst täuschen kultivierte Gelassenheit vor. Doch Alte und Hüftleidende bleiben schweratmend zurück.

Auch wir erreichen nicht als Erste die Tür. Doch unbegreifliches Glück! Die beiden Paare, die vor uns einsteigen, streben nach hinten! Warum denn das? Weil sie sich ungestört küssen wollen? Um der Toilette nah zu sein?

Nein, sie wissen bereits, was wir bald schmerzlich erfahren: Vorne ist man ungefiltert dem Redestrom des Reiseleiters ausgesetzt. Nur hinten kann man sich den Litaneien von Herrschernamen und Grabungsfunden entziehen. Übertrieben häufig wendet er den Kopf, um zu überprüfen, ob jemand zuhört. Wir in der ersten Reihe fühlen uns verpflichtet, ihm jedes Mal aufmerksam zuzunicken.

Wir büßen für die gesamte Gruppe, die ab Reihe fünf behaglich in Schlaf versunken ist. Experten gelingt es schon in Reihe drei, aus der Sichtachse des Reiseleiters tief in den Sitz zu gleiten, das Haupt seitwärts zu betten und jene Erholung zu finden, um derentwillen man eine Reise tut. Nur wir Dummerchen sind zum Simulieren von Wissbegier verdammt.

Leider hält uns noch etwas anderes wach: der schreckenserregende Blick auf den Gegenverkehr. Beherrscht der Fahrer noch irgendetwas anderes außer seine Hupe? Trecker, Lastzüge, Tieflader – er weicht grundsätzlich in letzter Sekunde aus. Mit dem Überholen wartet er, bis es bergauf geht oder eine uneinsehbare Kurve beginnt. Den Abstand zur Schlucht, jenseits der Leitplanke, überschätzt er grotesk.

Und warum kneift er immer die Augen zusammen? Weil er eine Brille braucht? Oder weil er achtundvierzig Stunden lang keinen Schlaf bekommen hat?

Wir erinnern uns an Meldungen von zerschellten Urlauberbussen. Welche Seite würde eigentlich zuerst aufschlagen? Etwa unsere? Die korpulenteste Teilnehmerin belegt in Reihe sieben zwei Plätze. Würden wir ihr gegenübersitzen, könnte sie den Aufprall dämpfen.

»Es kann auch gern mal jemand anders nach vorne!«, geben wir uneigennützig bekannt.

Weiter hinten herrscht eine deutlich entspanntere Atmosphäre. Dort werden Witze gemacht. Die Reihen haben sich in gemütliche Eigenheime verwandelt, private Müllhalde eingeschlossen. Die Klimaanlage, die in den Reihen vorn lediglich für dauerhafte Erkältung sorgt, übertönt dort alle kulturellen Belästigungen.

Auf diese Bezirke hat der Reiseleiter keinen Einfluss mehr. Allerdings ist er auch unserem Einfluss entzogen. Die regierende Partei sitzt vorne. Sie lenkt alle Entscheidungen hinsichtlich der Lautstärke der Musik, der Streichung von Besichtigungspunkten oder der sogenannten technischen Pausen, bei denen sich die Gruppe – nach Geschlechtern getrennt – links und rechts in die Olivenhaine verteilt.

Die hinten schicken sich in die Hingabe. Landschaften, die anfangs noch fotografierenswert schienen, rauschen längst unbesehen vorbei. Einige Teilnehmer haben dauerhaft den Vorhang zugezogen. Der Bus reicht. Er ist die Zuflucht. Er ist der Kosmos.

Und wenn er uns endlich wieder am Flughafen abgesetzt hat, wenn wir erleichtert Beifall und Trinkgeld spenden, machen wir uns keine Gedanken mehr über die Frage, die uns zu Hause erwartet: »Na, wo seid ihr diesmal gewesen?« Die einzige Antwort, die uns einfällt, ist auch die ehrlichste: »Im Bus.«

Verdauungspflaumen zum Mitnehmen

Stellen Sie zu Hause auch immer einen kleinen Mülleimer auf den Esstisch? Morgens zum Frühstück? Für meine Frau und mich ist das der Gipfel des Komforts. So bringen wir Urlaubsgefühl in den Alltag. Wenn wir ein bisschen mehr Zeit haben, schieben wir außerdem ein paar silberne Warmhaltegefäße auf die Herdplatten. Im ersten lassen wir Wasser mit gelben Flocken schmurgeln (»Rührei«), im zweiten ein paar gekräuselte Speckschwarten, im dritten kleine verkohlte Würstchen. Jeden Tag dieselben natürlich, essen wollen wir das Zeug ja sowieso nicht. Nun noch eine Thermoskanne mit braunem Wasser. Merken Sie schon was?

Ja, das ist es: das Feriengefühl! Genauso haben Sie es jeden Morgen im Urlaub genossen! Wir auch. Das Frühstück vom Frühstücksbuffet! Sie hatten vielleicht noch einen Orangensaftspender im Speiseraum, so einen mit verklebtem Zapfhahn und Überlaufrost. Ziemlich sicher gab es auch ballaststoffreiches Knäckebrot in recycelbarer Klarsichtfolie und fünferlei Getreideflocken plus Leinsamen und Kleie in käferfreien Behältern. Bei uns auch!

Aber das Wichtigste war doch der Plastikmülleimer. Sie erinnern sich? Als duldsamer Diener stand er vor Ihnen, ansprechend mit anderthalb Blumenranken bedruckt und mit der Aufschrift versehen: »Für den sauberen Tisch«. War es nicht ein ganz eigenes Vergnügen, ihn mit Plastiknäpfchen, Folien und Döschen zu füllen und mit nassen Teebeuteln und Käserinden? Und dann mit einer Serviette nachzustopfen, wenn er überquoll? Das baut mitgebrachte Aggressionen ab, das entspannt, das schafft Ferienlaune!

Eigentlich gehört noch ein Nebenraum dazu, eine angelehnte Tür, hinter der ein Radio plärrt. Im Hotel sitzt dort immer das Personal und raucht. Zu sehen ist es nie, zumindest nicht während des Frühstücks. Allenfalls wenn Sie sich einen Platz am Fenster ausgesucht haben, schießt eine pikierte Schürzendame heran: »Dort bitte nicht hinsetzen, da wird für das Mittagessen eingedeckt!« Dann müssen Sie zu all den anderen, die Sie am Morgen eigentlich nicht sehen wollen, zu den Muffigen und Frustrierten, die um das Buffet herumschleichen und stumm in die Leberwurst stechen.

So kennen wir es. Entgehen können wir dieser Fron nur in teuersten Nobelresidenzen oder in winzig kleinen inhabergeführten Pensionen. In allen gewöhnlichen Hotels finden wir die sogenannten Komfortbuffets, links und rechts flankiert von je einem Ficus benjamini oder begleitet von Efeu aus Weichplastik, der sich an der Decke entlanghangelt. Die Cromarganplatten, die wichtigsten jedenfalls, sind meist schon geleert, wenn wir eintreffen. In dem geflochtenen Korb in der Form eines Huhns haben sich morgens gegen sechs Uhr frisch gekochte warme Eier befunden; jetzt bleiben uns noch drei steinere kalte Exemplare. Wurstlappen sind mit einer Garnitur aus Gürkchen geadelt. Die Butter schwimmt hartleibig in der Eiswürfelschale. Käsescheiben grüßen aus der Plastikfolie oder sind ausgepackt und biegen die Ränder hilfesuchend nach oben.

Entscheiden Sie sich, sonst gehen Sie leer aus! Die Dame neben Ihnen angelt mit der Gabel in der Kompottschüssel. Der Schöpflöffel ist unwiderruflich auf den Boden gesunken. Früchtequark? Auch lieber nicht. Ihr tatteriger Vorgänger hat versehentlich seine Knäckekrümel darübergestreut. Plötzlich Düsenlärm. Steht das Hotel etwa doch in der Einflugschneise? Nein, keine Aufregung, da hat nur jemand die Frischkornmühle in Betrieb genommen. Ah, und da sind die sogenannten Bain-Maries mit den lauwarmen Resten verkochten Plunders. Den Deckel zurückschieben, in das braune Geblubber sehen und still danken. Vielleicht finden Sie noch etwas Brauchbares im durchwühlten Brötchenkorb. Etwa die eingeschweißten Pumpernickelscheiben. Sie brauchen schließlich etwas zum Füllen des Tischmülleimers!

Sie beäugen die Marmeladen auf dem Holztablett, jede in einem großmütterlichen Einmachglas, die Löffelgriffe sortentypisch verklebt. Aber komisch, was macht denn die Krabbe in der Stachelbeer-Kiwi-Marmelade? Und viel wichtiger: Woher kommt sie? In greifbarer Nähe entdecken Sie lediglich Makrelen. Die leere Platte mit Zitronenscheibchen und Petersilienresten könnte Lachs enthalten haben. »Haben Sie noch Krabben?«, rufen Sie einem durcheilenden Angehörigen des Personals nach. Kopfschütteln, bedauerndes Lachen. Zu spät. Am anderen Ende werden schon scheppernd die Platten abgeräumt. Rasch, greifen Sie zu!

Oder halt, lauschen Sie mal: Na? Ja, da nähert sich aus fernen Gängen bereits der endgültige, der unwiderrufliche, der panisch gefürchtete Staubsauger. Und nun schwärmt Personal ein. »Benötigen Sie noch etwas vom Frühstücksbuffet?« Eigentlich ja! Also, dann packen Sie schnell ein paar halbe Camemberts ein, raffen Sie Schinkenscheiben, Äpfel, Verdauungspflaumen, wickeln Sie Brötchen in Servietten und schmuggeln Sie das Ganze raus. Irgendwo auf einer Parkbank werden Sie ganz in Ruhe frühstücken können. Das sind nämlich keine Penner, die Sie an Ihrem Urlaubsort überall unter den Bäumen mampfen sehen. Das sind Gäste wie Sie. Gäste aus Hotels, die vom Gipfel des Komforts profitieren: vom Frühstücksbuffet.

Vor der Reise war man bestens befreundet

Kennen Sie das: Vor der Reise war man bestens befreundet, und hinterher herrscht Schweigen? Achenbachs, hatten Sie gedacht, sind doch ein nettes Paar! Jetzt wissen Sie es besser. Obwohl Sie nur gemeinsam auf Fuerteventura waren. Das hat gereicht.

Oder Sie haben Tante Hannelore mitgenommen nach Schweden, einerseits aus Barmherzigkeit, andererseits weil sie die ganze Reise maßgeblich finanziert hat. Und dann mussten Sie die schönsten Mittsommernächte über der Frage verzweifeln: Wie werden wir sie wieder los? Ihre Ehe war in Gefahr und ist es heute noch, wenn die Sprache auf Tante Hannelore kommt.

Oder war es umgekehrt: Sie sind allein mit einem Paar verreist? Weil Sie gerade mal niemanden hatten und sich eigentlich gut verstanden mit diesen beiden? Und dann blieb Ihnen nichts übrig, als sich deren banausigen Freizeitvorstellungen zu beugen? Im herrlichen Licht der Toskana mussten Sie den eskalierenden Streit der beiden ertragen. Erst haben Sie so getan, als hörten Sie nichts, bis einer versuchte, Sie auf seine Seite zu ziehen. Am nächsten Tag schwiegen beide sich an, und Sie machten harmonisierende Bemerkungen über den Frühling in Florenz und fühlten sich so unwohl wie lange nicht mehr.

Ich habe alle Varianten hinter mir. Natürlich mit Ausnahme der einzigen, die lustig sein soll: drei Frauen ganz allein und ohne Mann in einem Holzhaus am See. Alle anderen Reisen mit Freunden sind ein Härtetest. Einerseits, weil an unseren Freunden plötzlich Gewohnheiten zutage treten, die wir so genau gar nicht kennen lernen wollten. Weil zum Beispiel derselbe Witz, täglich gehört, entschieden an Charme verliert. Und andererseits und vor allem, weil es immer darum geht, wer das Sagen hat. Weil – zunächst subtil, dann immer deutlicher – um die Macht gerungen wird.

Auch Gewohnheiten üben Macht aus. Unser Freund Christian hat die Gewohnheit, beim Essen erstaunlich geräuschvoll zu kauen. Er lebt schon einige Zeit allein, und niemand macht ihn darauf aufmerksam. Wir auch nicht. Wir leiden still. Was quietscht und kracht da beim Frühstück in seinen Kiefergelenken? Hört er es nicht? Warum muss er diese schrecklichen Körner so manisch zermahlen? Muss er überhaupt jeden Tag Müsli essen? Auf gemeinsamen Reisen bekommen solche Fragen existenzielle Bedeutung.

Ich liebe meine Mutter, selbstverständlich. Sie ist, besonders wenn man sie selten sieht, eine unkomplizierte Frohnatur. Deshalb nehmen wir sie mit nach Griechenland in unser gemietetes Häuschen am Meer. Aber dann steht sie mit der Morgensonne auf und räumt den Geschirrspüler leer. Jeden Tag. Kein Vorwurf, dass wir in den Ferien lange schlafen. Nur demonstratives Klappern um sechs Uhr früh. Anschließend Stille. Sie ist auf ihren langen Morgenspaziergang aufgebrochen. Wir wissen nicht, wohin. Dürfen wir schon frühstücken? Die Kinder wollen. Also frühstücken wir. Und dann steht sie plötzlich in der Tür, in der Hand als blühenden Vorwurf einen Feldblumenstrauß: Ach, ihr habt schon angefangen?

Oder sind Sie als Familie mal mit einer anderen Familie in die Skiferien gefahren? Und als sie ankamen, waren die anderen schon da und hatten sich das bessere Appartment gesichert? Oder hatten Sie sogar ein gemeinsames Haus gemietet, hörten die anderen bei allen Verrichtungen und wussten: Gleich muss ich auf dieses Klo? Und haben Sie bei der Gelegenheit die Kinder der anderen so richtig kennengelernt? Am Anfang kamen die Bälger Ihnen womöglich noch intelligenter vor als die eigenen Kinder. Nach drei Tagen wussten Sie, was für unerzogene Scheusale das sind. Bis zu diesem gemeinsamen Urlaub hatten Sie es geschafft, diese Teufel freundlich und lieb zu behandeln. Das ist seither und für alle Zeit vorbei.

Oder sind Sie als Ehepaar mit einem anderen Ehepaar verreist? Etwa, wie wir, mit Roland und Kathrin nach Neuseeland? Und Roland sprach dieses grauenhafte Stümperenglisch, drängte sich damit aber in völliger Ignoranz jedem Kellner und jedem Park Ranger und zufälligen Wandergesellen auf? Und die Leute fanden diesen grobianischen Roland auch noch lustig, während wir mit unserem erstklassigen Englisch und unserem vorzüglichen Benehmen irgendwie übersehen wurden? Grauenhafte Demütigung. Nur dass Kathrin sich den Fuß verstauchte und drei Tage lang die Ausflüge versäumte, war ein Trost. Man konnte ihr am Abend vorschwärmen, was sie alles an Herrlichkeiten verpasst hatte.

Den umgekehrten Fall kennen Sie leider auch: Sie wollten mal allein sein, und die anderen sollten ohne Sie losziehen. Nach zwei Stunden fragten Sie sich bang: Was erleben die wohl? Und wussten schon: Egal was, sie werden es Ihnen in den schadenfrohesten Farben ausmalen.

Wer passt sich wem an? Wer leistet mehr Verzicht? Die lockere Rolle aus gelegentlichen Begegnungen lässt sich in der intensiven Nähe auf gemeinsamen Reisen nicht mehr durchhalten. Wir müssen uns offenbaren und lassen trotzdem das meiste unausgesprochen. Daher das schlechte Gewissen und die lange Sendepause danach.

Ich habe nur eine einzige Reise mit einem Freund wirklich genossen. Er machte klaglos alles mit, was ich wollte, passte sich vorbildlich an und widersprach nie. Ich weiß noch, wie er am Ende beteuerte, dass er die Reise schön fand. Komischerweise habe ich seitdem nie wieder von ihm gehört.

Akustische Kontrolle der Fahrbahnbreite

Mit dem Auto im Urlaub: Das bedeutet Unabhängigkeit. Jedenfalls wenn man so souverän fährt wie Sie oder ich. Ich brauche Ihnen nichts zu erklären. Wenn Sie auf den löchrigen Serpentinen Perus unterwegs sind, prüfen Sie regelmäßig die Radmuttern. Wenn Sie in Pakistan Flüsse durchqueren, verlängern Sie Auspuff und Ansaugrohr per Schlauch über die Wasserlinie und montieren ein Brett vor den Kühler. Bei einem Sandsturm in Patagonien wenden Sie das Wagenheck rasch gegen die Windrichtung, um den Motor vor Versandung zu schützen. Die amazonischen Morastpisten durcheilen Sie auf Schneeketten. In der Äußeren Mongolei haben Sie immer einen großen Spiegel dabei, um bei einer Panne die Aufmerksamkeit der Flugzeuge auf sich zu lenken. Und falls Sie in der Sahara liegen bleiben, übergießen Sie den Reservereifen mit Sprit und zünden ihn an; das gibt die beste Rauchsäule. All das wissen Sie. Das haben Sie schon hundertmal gemacht.

Aber es gibt auch schwierige Situationen beim Fahren im Ausland. Wirkliche Herausforderungen. Ich meine etwa das Anzapfen einer Tanksäule in

Griechenland. Das Deuten von Verkehrszeichen in Ungarn. Oder, doch das gehört schon zu den unlösbaren Problemen, die Konfrontation mit einem Rentnerehepaar im geliehenen Ford Ka in einer mallorquinischen Gasse. Da stehe ich jetzt. In meinem Leihwagen. Immerhin kann ich wenigstens Parkposition und Rückwärtsgang unterscheiden.

Ich miete Leihwagen, seit ich in Portugal die drei Steinchen am Straßenrand übersehen habe. Ist Ihnen das auch passiert? Drei aufeinandergelegte Steine am Straßenrand bedeuten in Portugal: Gefahrenzone, gleich ist die Straße zu Ende, da kommt nur noch eine ganz tiefe Bruchkante. Na ja, und wenn man das nicht weiß oder die Steine gar nicht erst sieht, sitzt man drauf auf der Kante. Und Schluss. Ein Jahr später bin ich in Irland auf einen Sleeping Watchman gekracht, auch Speedbreaker genannt. Sie wissen? Diese Steinschwelle über die ganze Breite der Fahrbahn. Wer bei Nacht nicht weiß, wo da so eine Schwelle den Speedbreaker mimt, besitzt im Morgengrauen weder Achsen noch Federung.

Endgültig zum Leihwagen übergegangen jedoch bin ich, nachdem ich per Auto in eines unserer liebsten Nachbarländer einreiste und per Bahn zurückkehrte. Eigentlich hatte ich nur eine kurze Pause eingelegt, in menschenleerer Gegend, und war nur ein Stück ins Wäldchen gepilgert. Sie wissen: unberührte Wildnis, nie ist jemand da gewesen. Aber kaum geht man zehn Meter ins Gehölz, liegt überall Klopapier. Ich bin etwas weiter gegangen, und als ich zum Auto zurückkam, war es nicht mehr da.

Seither nutze ich Leihwagen, und zwar auf Vollkasko, ohne die geringste Selbstbeteiligung. Selbstbeteiligung rentiert sich nie. Selbst wenn ich souverän und kratzerfrei fahre, die anderen tun es nicht. Ist Ihnen das auch schon aufgefallen? Dass in fremden Ländern die Einheimischen grundsätzlich nicht Auto fahren können? Entweder rasen sie völlig verrückt wie rund ums Mittelmeer oder schlafen am Steuer ein wie in Nordamerika. Und die anderen Touristen in ihren Leihkutschen trauen sich nicht, auf die Tube zu drücken. Oder können mit dem ungewohnten Gefährt nicht wenden, weshalb es bei der An- und Abfahrt auf Kap Formentor immer wieder zu Zusammenbrüchen kommt.

Oder zu kleinen Karambolagen, für die man eben Vollkasko braucht. Ich persönlich benötige dazu übrigens gar keine anderen Verkehrsteilnehmer. Mir reichen die Poller auf den Tankstellen Kastiliens, die aus dem Fondfenster nie zu sehen sind, damit man gefälligst beim Zurücksetzen dagegensemmelt. Oder die Hydranten in den USA, neben denen man immer einen Parkplatz findet und die beim Ausparken so niedliche rote Streifen im Lack hinterlassen. Oder der Linksverkehr in England, etwa auf den herrlichen Landstraßen Cornwalls. Während sich hinter mir der Verkehr staut und meine Frau das tibetische Mantra »Lass dich nicht hetzen!« murmelt, schramme ich mit der windabgewandten Seite an Hecken und Grenzsteinen entlang. Kenner nennen das: akustische Kontrolle der Fahrbahnbreite. Die ist zuverlässig, aber man braucht dazu Vollkasko.

Na, und manchmal kommt es auch zu gefährlichen Begegnungen mit anderen Fahrern. Wie jetzt. Ich stehe in einer engen Gasse des schönen Städtchens Soller. Seit einer Stunde, genau wie das Ehepaar gegenüber und die Leute hinter denen und hinter mir. Ich nutze die Zeit und schreibe dieses kleine Kapitel auf meinem Laptop. Gleich beame ich es per Handy in den Verlag. Wenn Sie es lesen, werde ich immer noch hier stehen. Denn ich genieße den Urlaub im Auto mit voller Kasko und totaler Unabhängigkeit.

Tripa alla fiorentina und Flaamse Hutsepot

Es soll Leute geben, die verlangen immer nur Wiener Schnitzel. Die wollen auch auf Reisen partout nur das essen, was sie von zu Hause kennen. Sie lassen sich nicht auf das Fremde ein. Sie probieren niemals die echten, unverfälschten Spezialitäten des Landes. Sie wünschen sich Bratkartoffeln in Marokko, Weißwürste auf Island und Karbonade in Tibet. Solche Leute gibt es. Ich weiß es, denn ich gehöre dazu.

Ja, genau, ich will Schnitzel. Oder wenigstens Spaghetti oder Pizza. Es gab Zeiten, in denen habe ich Risikofreudigkeit geheuchelt. Ich habe sie hinter mir. Jetzt verspüre ich keine Lust mehr auf kleingeschnittenen Gummischlauch in schwarzer Lake, auch wenn das *Pulpo in sua propria tinta* heißt und an bemitleidenswerten Mittelmeerküsten total landestypisch ist.

Ich will nicht all die scheußlichen Heringsvarianten des Nordens probieren, schon gar nicht den eingelegten *Strömling*, mag auch die Marinade von den Wikingern erfunden sein; genauso vergammelt riecht sie auch. Und vor allem lege ich keinen Wert auf all den gekochten Schwartenspeck, die ausgefransten Innereien, die umgedrehten Magenwände, in Streifen geschnittene Kutteln und kleingehackte Lungenflügel und Bregen im ganzen Stück. Denn geben wir es doch zu: Das sind die Landesspezialitäten.

Wo immer wir hinkommen und egal, wie exotisch die Namen dafür sind: Die Landesspezialitäten sind immer derb, immer grob, immer bäurisch. Sind Ausschussware. Ihr ursprünglicher Sinn war die Sättigung der Knechte und armen Leute. Knechte gibt es nicht mehr. Die armen Leute sind am Tourismus reich geworden. Was sie nicht mehr essen müssen, dienen sie jetzt den Reisenden an. Die verlangen sogar danach, weil sie das Land ganz echt und unverfälscht und wie ein Einheimischer erleben wollen. Oder sie fallen zumindest darauf herein.

Sind Sie etwa nicht reingefallen? Aber klar. Sie haben doch garantiert auch mal *Sopa Mallorquina* bestellt, so als kleines harmloses Süpplein vorweg. Und dann kam da eine Riesenschüssel voll eingeweichtem Brot und Kohl. Als sie darin herumrührten, haben Sie zu Ihrem Schrecken zottelige Schwabbelstücke entdeckt, die nur aus dem verschlungenen Inneren eines verendeten Borstentiers stammen konnten. Tja, und dann mussten Sie da ran. Niemand zwang Sie. Aber Sie haben die Schüssel keineswegs nach anderthalb Bissen zurückgehen lassen, was dem dringenden Wunsch Ihres Magens entsprochen hätte, sondern Sie waren lieber tapfer oder vielmehr feige. Sie wollten den Wirt nicht beleidigen, der freundlich lächelte und Sie beinahe schon als echtes

Mitglied in seine mallorquinische Großfamilie aufgenommen hatte. Deshalb haben Sie gelöffelt und bei jedem Löffel gedacht: Nie wieder.

Sehen Sie. So ist es mir auch gegangen. Ich bin mal der Empfehlung eines verlogenen Reiseführers gefolgt und habe in einem feinen Restaurant in der Toskana *Tripa alla fiorentina* bestellt. Ich wusste nicht, worum es sich handelte, und beherrschte zu wenig Italienisch, um es mir erklären zu lassen. Vermutlich hätte ich die Erklärung auch auf Deutsch nicht verstanden. Denn ich habe nie bei einem Schlachtfest zugesehen und weiß deshalb nicht, was übrigbleibt, wenn alle wertvollen Stücke abtransportiert sind. Aber das, was übrigbleibt, das kommt rein in die *Tripa alla fiorentina*, das weiß ich jetzt.

Ich habe genau das gemacht, was Sie mit Ihrer *Sopa Mallorquina* gemacht haben. Ich habe das Flüssige abgelöffelt, damit es keinesfalls so aussah, als hätte ich nichts gegessen, und habe alles Wabbelige übriggelassen. Und anschließend habe ich genau wie Sie behauptet, es habe einfach phantastisch geschmeckt, nur sei ich so riesige Portionen nicht gewohnt. »Multo bono, aber einfach too much«, wie man dankend auf Italienisch sagt.

In meiner friedliebenden Offenheit für alles Andersartige habe ich im Jahr darauf in Brügge die Spezialität *Flaamse Hutsepot* bestellt. Ich möchte Ihnen nicht den Appetit verderben. Wenn Sie sich in Kappadokien zu Tisch gesetzt haben, völkerverbindend dem Gastgeber zulächelten und erst nach dem dritten Fleischklops darüber informiert wurden, dass es sich um Hammelhoden handelte, wissen Sie, wie mir zumute war.

Nein, es lohnt sich nicht, mutig zu sein. Es zahlt sich nicht aus, um des Weltfriedens willen gebackenes Lämmerhirn und frittierte Gänsefüße zu essen oder die unverdaulichen Bohnengerichte aller unendlichen Bohnenländer dieser Welt. Als Reisende sind wir ohnehin entschuldigt. Unser Körper verweigert den Dienst. Es ist stets das erwärmte Pappmaschee auf dem Hinflug, das unseren Organen das Signal gibt, fortan jegliche Verdauungstätigkeit einzustellen. Egal, wie viele Faserstofftabletten wir im Laufe der Reise mit reichlich Wasser hinunterspülen, diese Tätigkeit wird bis zum Rückflug nicht wieder aufgenommen. Es sei denn anfallartig, wenn wir in Bengalen oder Sri Lanka eine Spezialität probiert haben.

Also Schluss damit. Wiener Schnitzel, bitte. Spaghetti, Pizza, ein gut durchgebratenes Steak. Und bloß kein landestypisches Dessert danach! In Dänemark habe ich mal vierzehn Tage lang nach der im Reiseführer gepriesenen, angeblich berühmten Köstlichkeit *Gasebryst* gefahndet. Niemand verstand, was ich wollte. Ich schrieb das Wort auf einen Zettel und hielt ihn allen Konditoren unter die Nase. Keiner kannte *Gasebryst*. Bis am Ende jemand darauf kam, einen Kringel über das »a« zu malen und rief: »Gohsebryst! Ja, das können Sie haben!« Dann kam ein matschiges Stück Blätterteig mit Sahne.

Nein. Nie wieder. Und der ganze honigzuckersirupsüße Klebkram im Süden! Haben Sie sich mal gefragt, warum die Leute jenseits der dreißig da alle so zahnlos lächeln? Eben, eben. Und mal unter uns: Würden wir denn ausländischen Touristen unsere heimischen Spezialitäten zumuten? Labskaus, Buletten, Saumagen, Birnen, Bohnen und Speck?

Na, also. Heucheln wir nicht. Beleidigen wir nach Herzenslust unsere Gastgeber. Das ist bekömmlich. Das schmeckt.

Wie im Fernsehen

Kann es sein, dass Sie auf Reisen einiges falsch machen? Als ich Sie vor kurzem gesehen habe, in dem auch von mir geschätzten Hotel, hatte ich den Eindruck, Sie warten an der Rezeption, bis Sie an der Reihe sind. Anschließend nehmen Sie mit einem Zimmer vorlieb, in dem Sie ums Bett herumbalancieren müssen. Sie lassen sich nicht von einem dienernden Pagen mit Namen und Handkuss begrüßen, sondern von einem Fernseher, auf dem *Willkommen, Herr und Frau Soundso* flimmert. Wenn Sie auf den Balkon treten, genießen Sie keinen unverstellten Blick über eine Auswahl der erlesensten Sehenswürdigkeiten des Landes. Und wenn Sie zur berühmten Kathedrale oder Pyramide oder Palastanlage pilgern, sind Sie keineswegs allein und ungestört, sondern von vielen anderen lärmenden Menschen umgeben.

Das ist sonderbar. Und da stimmt etwas nicht bei Ihnen! Deckengemälde sind immer ziemlich weit oben, wenn Sie etwas erkennen wollen. Und weltberühmte Werke über Seitenaltäre liegen gewöhnlich völlig im Dunkeln. Die Straßen der berühmten Stadt oder Landschaft liegen nicht still unter rauschenden

Bäumen, sondern werden von ziemlich vielen Autos befahren. Der Himmel darüber ist gelegentlich grau. Ich hatte sogar den Eindruck, dass es auf Ihrer letzten Reise geregnet hat, um es milde auszudrücken.

Ja, Sie machen einiges falsch. Ich leider auch. Denn ebenso wenig wie Sie spiele ich in einem Reisefilm mit. Ich bin auch nicht auf Kosten unfreiwilliger Gebührenzahler in fernen Kontinenten unterwegs, um ausgewählte *Terra X*-Sehenswürdigkeiten abzulichten oder komfortabel und gedolmetscht *Länder, Menschen, Abenteuer* zu besichtigen. Jetzt, da wegen Dunkelheit und Regen der Fernseher etwas häufiger eingeschaltet wird, fällt auf, dass selbst Orte, die wir bereits kennen, im 16:9-Format mit untermalender Musik nebst Grillenzirpen entschieden idyllischer wirken. Wir können also sicher sein, dass Orte, die wir noch nicht kennen, völlig anders aussehen, als sie uns von den Lohnfilmern vorgeführt werden.

Doch deren schöne Bilder prägen unsere Erwartungen. Sie verfestigen den Eindruck, dass die Gegenden anderswo lieblicher oder dramatischer und auf jeden Fall besser ausgeleuchtet sind. Reisende im Spielfilm kommen, im Gegensatz zu uns, stets unverschwitzt an, begeben sich an eine unbedrängte Rezeption, nehmen eine geräumige Suite in Besitz und treten auf den Balkon, unter dem sich mindestens der Canal Grande hinbreitet. Ein Gondoliere – entweder jung und sexy oder ein pittoresk verwittertes Original – winkt fröhlich. Sobald jedoch wir kommen, ist er pickelig, fett und unwirsch, rülpst

Knoblauch aus und haut uns beim Feilschen übers Ohr.

Falls den Filmreisenden nicht das Dinner mit einem Rollwagen aufs Zimmer serviert wird, sitzen sie in einem idyllischen Restaurant, ohne jemals nach einem Platz gesucht zu haben. Der sprachlich versierte Kellner kümmert sich um sie mit erlesener Höflichkeit. Überhaupt sprechen alle Leute im fernen Land verständliches Deutsch, verziert allenfalls mit einem folkloristischen Akzent. Und im Gegensatz zu uns ist der Reisende im Film immer Hauptperson. Was rundherum plappert und zetert, ist liebenswerte Staffage. Alles Erfindung, Schönfärberei, Kolportage, ja. Doch diese Bilder senken sich in unser Gedächtnis, und ungewollt messen wir unsere Reise daran.

Wir vergleichen die Bauwerke und Landschaften mit den Ansichten, die uns in *Fahr mal hin* oder *mare* als Pralinen vorgeführt worden sind. Unser Auge hat kein eingebautes Zoomobjektiv, weshalb die Inseln viel weiter von der Küste weg sind, als wir gedacht haben. Die Putten und Heiligen unter der Domkuppel können wir allenfalls erahnen. Und das *Abendmahl* haben wir via Kabel auch schon in besserem Zustand gesehen. Ganz zu schweigen von den Köstlichkeiten, in denen das reisende Spesenteam von *Zu Tisch in …* schwelgen darf. Wir müssen zahlen, und es schmeckt nicht.

Wir genießen auch nicht meditativ Landschaften *von oben*. Wir müssen da leibhaftig und ungeschönt hin, durch Lärm und Gestank und Gedränge. Bitte, welche Bestechungsgelder aus unseren Gebühren mussten die Kamerateams aufwenden, um Tadsch Mahal oder Alhambra ganz für sich allein zu haben? Alles liegt für sie und nur für sie genussfertig da. Ein in sich gekehrter Mönch schreitet einsam durch das berühmte Kloster, begleitet von gregorianischen Chorälen, während wir in einem Pulk schnatternder Scharen durch den Kreuzgang geschubst werden.

Woher nehmen die Filmer den Biber, der seelenruhig für sie die Bäume annagt? Woher die Wildpferde, die Nashörner, die Kraniche im Formationsflug? Und dieses wunderbare Licht, diese ungetrübte Sicht bis zum Horizont, den herrlichen Wolkenzug? Und wieso endet bei ihnen die Reise jedes Mal mit einem optimalen Sonnenuntergang? Ich weiß nicht, wie es Ihnen geht, aber ich muss zuletzt immer packen. Sie ebenfalls? Ja, und dann gibt es immer etwas, das im Film völlig unbekannt ist: die Rechnung. Wir staunen auf jeder Reise von neuem darüber.

Unsere Freunde an ihrem Urlaubsort

Warum nur? Warum haben wir Wagners versprochen, sie an ihrem Urlaubsort zu besuchen? Das Unheil begann an einem gemütlichen Winterabend, als die großen Ferien endlos weit weg schienen. Wir leben in Deutschlands minderbemittelter Nordhälfte. Die Landkarte Süddeutschlands plus angrenzender Länder hatten wir immerhin vage im Kopf. Mal eben von unserem Allgäuer Sommerdörfchen rüber ins Engadin, das konnte nicht mehr sein als ein kleiner Abstecher.

Ein halbes Jahr später folgt der heiteren Illusion die bittere Realität. Über Passstraßen quälen wir uns in neblige Höhen, und mit jeder Serpentine werden die Wagners unsympathischer. Wieso müssen eigentlich wir sie besuchen? Warum raffen sich diese antriebslosen Phlegmatiker nicht zu uns auf? Hallo? Wir sollen unser Leben aufs Spiel setzen, um diesen Langweilern Abwechslung zu verschaffen? Und zwar ohne Honorar? Zu spät.

Als wir nach bangen Stunden in ihrem schimmelnden Bergnest eintreffen, machen sie uns als Erstes für den Regen verantwortlich. »Beim nächsten Mal bringt ihr aber bitte besseres Wetter mit!«, rufen sie mit frecher Selbstzufriedenheit. Ein nächstes Mal wird es nicht geben, das ist schon mal klar. »Der Ort ist leider völlig ausgebucht. Aber durch unsere Beziehungen haben wir noch was gefunden für euch, oben beim Einödbauern, das ist richtig idyllisch! So ein romantischer Verschlag, alles noch genau wie früher, nicht heizbar, aber eben total authentisch.« Na, großartig. Hauptsache, wir sind dort allein. Am nächsten Tag wollen sie uns ihre Bekannten am Ort vorstellen, »lauter ganz liebe Menschen«. Uns schaudert.

Freunde an ihrem Ferienort zu besuchen ist eine verhängnisvolle Idee. Unser einsamer Freund Christoph wünscht sich, dass wir ihn auf seiner Nordseeinsel beehren. Auf der Fähre wird uns klar: Heute kommen wir hier nicht wieder weg. Er holt uns an der Anlegestelle ab und lädt zur Busfahrt ein, die sich endlos hinzieht, weil der Bus die Insel im Zickzackmuster abklappert. In dem Restaurant, in dem Christoph das Touristenmenü vorbestellt hat, mit der Wahlmöglichkeit *Suppe oder Salat*, wird uns klar, warum der Mann einsam ist. Er ist von knöchernem Geiz.

Es gibt Seelachsfilet von der Sorte, die wir auch mal im Großmarkt erworben haben, zwanzig Stück im tiefgefrorenen Drei-Euro-Beutel. Anschließend mit Brausepulver verrührte Sprühsahne unter dem Titel *Orangen-Maracuja-Creme*. Christoph duzt sich mit der weißrussischen Kellnerin. Na, denn. Wir wünschen ihm viel Erfolg für sein weiteres Leben und verabschieden ihn in sein preisgünstiges

Souterrainzimmer. Uns hilft jetzt nur noch ein Luxushotel.

Um Familie Gentner zu besuchen, machen wir einen Umweg von locker dreihundert Kilometern ins Languedoc. Natürlich wissen wir, dass sie auf einem Campingplatz Urlaub machen. Warum nicht? Wir haben auch mal gezeltet. Allerdings ist es lange her, und in der Zwischenzeit haben wir alles vergessen oder verdrängt: die schiefen Klappstühle und den löslichen Kaffee, die Würstchendosen und die Ravioli, die Trockenspinne auf der Anhängerkupplung, den Holzkohlengrill, aus dem das Regenwasser geschöpft werden muss, die Gummiluft im Zelt, das bierselige Grölen nachts feiernder Parshipper und am Morgen das kleinlaute Pilgern mit Duschmünze und Klorolle zum Sanitärhäuschen. »Ihr habt hier ein ganz eigenes erdverbundenes Leben«, fällt uns ein, als wir grau und hohlwangig abreisen.

Haben wir bei Tom und Maren besser geschlafen? Nein. Ihr Segelboot konnten wir zunächst nicht finden in der überbelegten Marina, und am Ende leider doch.

Man musste über drei Schiffe staksen, dann wurde es eng. Die beiden schliefen vorn in der Kajüte, für uns waren die Sitzbänke reserviert. Das Rinnsal in der Plastikdusche reichte knapp zum Zähneputzen. Als wir den gepriesenen Sternenhimmel sehen wollten, stießen wir uns den Kopf an und wurden Zeuge, wie der Nachbar von der Reling aus das getrunkene und von den Nieren gefilterte Bier ins Hafenbecken entsorgte. In der Nacht übertönte Toms Schnarchen das lauschige Glucksen der Wellen. »Es hat euch hoffentlich nicht gestört?« Aber nicht doch.

Im folgenden Jahr sind wir Florians Einladung nach Formentera gefolgt. Er hat da ein Häuschen. »Eure erste Woche könnt ihr bei uns verbringen!« Die Ameisen hielten noch die Küche besetzt, die Fenster waren von Spinnen umwoben, die klammen Betten mussten erst trockengeschlafen werden. Im Garten sollten wir jäten und – »seid ihr handwerklich begabt?« – den Zaun reparieren. Nur die Probleme mit der Pumpe ließen sich während unserer Woche nicht beheben. »Dann müssen wir uns wohl im Meer waschen.« Das war zwölf Kilometer entfernt.

Und schließlich, an der Ostsee, wurden wir selbst besucht. Von Dunckers, die ihre beiden Kinder bei uns abluden, sechs und acht – »dann können wir uns rasch in Stralsund umsehen«. Bei Dunkelheit riefen sie aus Rügen an, sie würden es nun nicht mehr schaffen. Da hatten wir mittlerweile alle Spielplätze, Eisenbahnen, Bootsfahrten und Streichelzoos hinter uns und waren als Wracks ins Sofa gesunken. Die Kinder hatten unsere Tablets gehackt und versichert, zu Hause dürften sie immer *Fortnite* spielen und *Walking Dead* sehen. Die Nacht über blieben wir damit beschäftigt, ihre Albträume zu verscheuchen. Am folgenden Nachmittag kehrten die Eltern zurück, von Herzen dankbar und bestens erholt.

Sorry, nein, wir besuchen keine Freunde mehr. Und wir möchten auch nicht mehr besucht werden. Nicht im Urlaub. Da sind wir einfach nicht nett. Nie mehr.

Pferdeäpfel auf Kommando

Wir tun uns vieles an. Wir schreiten Felder mit Säulenresten ab, die uns nicht interessieren. Betrachten Gemälde, die uns nichts sagen. Besichtigen Kirchen, an denen wir lieber vorbeigehen würden. Gegen unser innerstes Streben bestaunen wir Brückenfiguren, Grabplatten, Heldendenkmäler. Und falls wir gerade in einer Monarchie Urlaub machen, kann es sein, dass wir um die Mittagszeit von einer multikulturellen Menge mitgerissen werden, die freudetrunken zum Schloss strebt.

Dort wird der Gipfel aller Attraktionen geboten: die Wachablösung. Womöglich kennen wir das Wunder bislang nur von alten Ansichtskarten, wo es neben Nationaltheater, Kathedrale, Palast und Flussufer unentzifferbar klein dargestellt wird. Die Operettenuniformen und Puschelmützen sind kaum zu ahnen.

Live werden wir bestimmt mehr erkennen! Allerdings stehen wir falsch. Vorn an der Absperrung sind die besten Plätze. Oder besser noch in der zweiten Reihe. Bei der gnadenlos nachdrückenden Menge trägt die erste Reihe am Gitter stets bleibende Schäden davon, bereits während der Wartezeit. Die ist lang. Je nachdem, wo wir uns befinden, setzen sich die Leibgardisten jetzt gerade erst an ihrer entlegenen Kaserne in Bewegung, an der Gothersgade oder den Hyde Park Barracks oder an der Karl-Johans-Gate, um dann umwegig durch die Straßen zu marschieren.

So haben wir immerhin Zeit, überm Schloss die königliche Standarte zu suchen, die anzeigt, ob Majestät geruhen, in dero Gemächern zu weilen. Nebenbei werden wir im vielsprachigen Austausch auf den aktuellen Stand gebracht: Prinzessin Mandy ist gerade getauft, ihre Schwester Chantal bereits gefirmt, Prinz Justin joggt für gute Zwecke, Jennifer schwärmt von ihrem ersten Liebhaber, aus Prinz Dennis wird nichts mehr, Königin Sandy fordert mehr Nachwuchs, Celina möchte lieber einen Jungen, irgendwo schwächelt eine Königinmutter, Prinz Dustin war beim Zahnarzt, und Prinz Melvin ist nicht identisch mit Prinz Marvin.

Doch selbst lebenswichtige Mitteilungen werden bedeutungslos, als der Wind aus der Ferne plötzlich etwas heranträgt: einen Trommelwirbel! Einen geradezu unheimlichen! Und gleich noch einen. Wird denn heute jemand geköpft? Vorsorglich prüfen wir unseren Akku. Aber jetzt ertönt wirre Musik. Dann werden wir doch nur den gewöhnlichen Stechschritt sehen sowie das Gewehrschultern und weitere Delikatessen der Exerzierkunst.

Falls wir überhaupt etwas sehen. Ein blinkender Helm in der Ferne kann bereits aufregend sein. Wer sich auf den Boden legt, kann die Stiefel erspähen, spiegelnd dank althergebrachten Polierens mit Spucke, Watte und Wachs. Dünn weht die Marschmusik herüber, viel Pfeifen und Rasseln zunächst, dann Pauken und tatsächlich Tompeten. Pferdehufe schlagen aufs Kopfsteinpflaster. Und jetzt werden Kommandos gebellt. Eine Stimme überschlägt sich, Stiefel stampfen.

Was geht da vor sich? Wer wechselt wen ab? Werden die berittenen Leibgarden ausgetauscht gegen diejenigen, die selbst reiten? Oder die roten mit den schwarzen Helmen gegen die blauen mit den goldenen Helmen? Und wo bleiben die Jungs mit Bärenfellmützen? Bein hoch, Bein runter ist klar, über den Rest herrscht Unstimmigkeit in der Menge.

Hat jemand ein Kommando mitgekriegt? War das eben das berühmte: »Halt! Who goes there?« Und die Antwort: »The keys!« Dann: »Whose keys?« Und: »The Queen's keys!« Schließlich: »Pass then, all is well.« War es das? Wenn es das war, hat es keiner verstanden.

Es ist wohl an der Zeit, die Schulter des Vordermannes zu erklimmen. Na, bitte – alles klar. Bei jedem Kommando fallen da vorne Pferdeäpfel. Es handelt sich also um *Horse Guards*, nicht um *Foot Guards*. Die Kapelle freilich geht zu Fuß, jetzt schon etwas weiter weg, in schwer deutbarem Stickmuster quer und kreuzweis über den gepflasterten Hof.

Und steht da irgendwo einer, neben dem man sich fotografieren lassen kann? So einer, der nicht lachen darf? Der heimlich Pumpbewegungen mit den Zehen macht, damit er wach bleibt? Bei dem im Sommer sechzig Grad unter der Kappe herrschen und der bei einer Ohnmacht nur nach hinten umfallen darf, keinesfalls nach vorn, sonst ist er entehrt? Wir sehen ihn nicht. Womöglich ist er schon umgefallen?

Aber, oh, da oben im Fenster! Ein Schrei geht durch die Menge: Da hat sich etwas bewegt! His or Her Majesty? Alle winken. Keiner winkt von oben zurück. Ein gutes Zeichen! Dann war es etwas Königliches! Unbezweifelbar etwas, das die Wachen bewachen! Es ist beseligend, herzbewegend, erhebend. Wir fühlen uns in den Adelsstand versetzt. Und zugleich hat uns die kleine Märchenstunde mit Zinnsoldaten kindlich gerührt. Heiter und veredelt begeben wir uns zurück in den Reisealltag. Götter, Gräber und Gelehrte können uns bis auf weiteres nichts mehr anhaben.

Folgen der Höflichkeit

Grundsätzlich kann man mit jedem Menschen reden. Die Kunst besteht darin, es zu vermeiden. Zu Hause beherrschen wir diese Kunst. Wir verharren regungslos in der Wohnung, solange Frau Scheffler im Treppenhaus tönt. Wenn wir Herrn Urban von fern auf der Straße erspähen, wechseln wir eilig die Seite. Aus gesundheitlichen und terminlichen Gründen können wir uns Gespräche mit gewissen liebenswerten Personen höchstens einmal im Jahr leisten.

Im Urlaub kommen solche erprobten Strategien abhanden. In leutseliger Stimmung wechseln wir am ersten Abend freundliche Worte mit dem Paar, das die benachbarte Ferienwohnung gemietet hat. Es geht lediglich ums Wetter. Schon am folgenden Tag sind die beiden der Ansicht, wir sollten eine Flasche Roten zusammen trinken, zumal es regnet. »Wir wollten eigentlich ins Kino«, behaupten wir wahrheitswidrig. »Oh, hier gibt es ein Kino? Das ist ja eine tolle Idee!«, freuen sich die beiden. »Und den Wein dann anschließend!«

Kann daraus noch Urlaub werden?

Dem Strandkorbvermieter haben wir am ersten Tag einen Scherz aus unserem bescheidenen Repertoire erzählt. Ihm war die Pointe neu. Und von nun an erkennt er uns. »Na, was haben Sie heute auf Lager?«, ruft er von weitem. Wir sind eigentlich keine Witzeerzähler. Doch er hat bereits einen Kollegen herangewunken. »Der Nico hier hat auch was übrig für Sprüche!«

Unerreichbar fern rauscht das Meer. Werden wir ein Witzebuch kaufen oder eine Fun-Webseite auswendig lernen müssen, um die Nachfrage zu befriedigen?

Im Südtiroler Ferienhaus haben wir ein paar Höflichkeitsfloskeln mit der Putzfrau gewechselt. Wir wollten nicht ernsthaft wissen, wie es ihr geht. Doch sie setzt sich dankbar aufs Sofa und entblößt ihre Krampfadern. Es folgt ein umfassender Überblick über ererbte Gebrechen sowie eine Historie familiärer Schicksalsschläge. Die schlingernde Melodie ihres Redeflusses macht ein Eingreifen unmöglich. Wir entkommen schließlich mit einem radikalen Schnitt und dem Versprechen, sie daheim zu besuchen. »Aber wirklich, ja?!«, hakt sie unangenehm nach. »Wenn wir es irgend einrichten können!«, versichern wir mit schlechtem Gewissen.

Die Straße zu unserem Ferienhäuschen führt durch ein reizendes Dorf. Am Rand der einzigen Kurve sitzt ein traniger Alter. Am ersten Tag wussten wir noch nicht, dass er immer dort sitzt. Wir haben ihn nach dem Weg gefragt und bekamen als Antwort eine weitläufige Darstellung der politischen Verhältnisse in Südtirol seit Beginn der Freiheitskämpfe, und zwar aus altkommunistischer Sicht.

Am folgenden Tag, als wir vorbeifahren wollen, winkt er uns heran. Wir sind geschmeichelt, dass wir sein Vertrauen genießen: »Der alte Revolutionär!« Am übernächsten Tag möchten wir es bei freundlichem Winken belassen; doch er stellt sich uns in den Weg. Wir hätten doch etwas wissen wollen über die Korruption hier in der Provinz? Die habe bereits unter Kaiser Franz I. begonnen, und das keineswegs zufällig, denn …

Stunden später im Haus beugen wir uns über die Landkarte. Auch Google Maps und Waze fällt nichts Besseres ein: Lediglich ein einziger anderer Weg führt zum kleinen Marktflecken, wo wir einkaufen müssen; über die Passhöhe; zwanzig Kilometer länger, aber zweifellos schneller.

Sind wir zu freundlich? Oder zu feige? Fühlen wir uns genötigt, das Bild der Deutschen im Ausland zu verbessern? Zu dem Trommelbäuchigen, der mit Bierflasche in der Hand am Kiosk steht, wollten wir keine Beziehung aufbauen. Aber weil wir ihn anfangs gegrüßt haben, betrachtet er uns als Gleichgesinnte. Kein anderer Kiosk führt unsere Zeitung, die App funktioniert nicht, und der Bierselige lauert den ganzen Tag.

In der Pension: Müssen wir uns wieder zu den Leuten setzen, neben denen wir am ersten Abend platziert wurden? Sie grüßen uns schon vertraut.

Auch war es ein Fehler, die gesprächige Alleinstehende zum Museum mitzunehmen. Sie glaubt jetzt, sie gehöre zur Familie, und forscht interessiert nach unserem weiteren Ausflugsprogramm.

Am verhängnisvollsten aber ist das Kind der Nachbarn. Um es friedlich zu stimmen, haben wir seinen Lenkdrachen bewundert. Seither kommt es jeden Morgen ans Fenster: »Hallo, ich bin schon wach!« Die Eltern schlafen noch. Später winken sie gnädig, erleichtert und dankbar, treudoofe Babysitter gefunden zu haben. Sie machen jetzt Urlaub, an unserer Stelle.

Und wir? Wir freuen uns auf zu Hause. Dort werden wir Frau Scheffler im Treppenhaus von unseren tollen Ferienkontakten erzählen, gern auch Herrn Urban. Hoffentlich wechselt er nicht die Straßenseite.

Kostenlose Übernachtung

Für Reisende kann es entlastend sein, Freunde in fremden Städten zu kennen. Die Übernachtung ist dann gewöhnlich kostenlos.

Ich musste nach Wiesbaden fahren. Mein Erbonkel wohnt dort in einem Altersheim. Es wurde Zeit, dass ich mich nach seinem Wohlergehen erkundigte. Auf ein Hotel verzichtete ich. Ich hatte ja eine Einladung meines Freundes Lothar. Übers Wochenende zog ich bei ihm und seiner Frau und seinem Kind und seinem Kater ein.

Ein Bett, eröffnete mir Lothar, stehe leider nicht zur Verfügung. Ich könne jedoch hinterm Sofa schlafen. Wohlgemerkt, nicht *auf* dem Sofa. Das war nagelneu und durfte vorerst nicht berührt werden. Dahinter also. Oder, nun ja, oder aber in seinem Arbeitszimmer auf der Couch. Das würde zwar seine Arbeit stören, erklärte Lothar. Er sei ja Drehbuchautor, jedenfalls bald, und müsse in unmittelbarer Nähe seines Werkes schlafen, um notfalls auch nachts eine Zeile anfügen zu können. Aber natürlich, klar, ich könne sein Zimmer haben. Ein lieber Gast sei schließlich wertvoller als ein Meisterwerk.

Ich wusste, wie ich zu wählen hatte. Schlaflos lag

ich hinterm Sofa. Gewiss, auf kostbarem Teppichboden, flauschig sogar, aber als Ersatz für eine Matratze auf die Dauer doch ein wenig hart. Und obendrein ungewöhnlich juckintensiv. Ich kratzte mich von Stunde zu Stunde mehr. Im Morgenlicht erkannte ich, weshalb: Der Teppich war an dieser Stelle übersät mit Katzenhaaren. Ich wies meine Freunde dezent darauf hin. Gewiss, sagte Jutta, Lothars Frau, dort sei tagsüber der Lieblingsschlafplatz der Katze.

»Aber jetzt«, entschied Lothar, »erst mal zum Einkaufen! Wie du siehst, gibt es kein Frühstück. Uns sind die Lebensmittel ausgegangen. Hast du Lust, mitzukommen?« Was blieb mir übrig.

Im Supermarkt riet er mir, einen eigenen Einkaufswagen zu nehmen. Die vielen guten Dinge ließen sich sonst nicht unterbringen. Blitzschnell hatte er dann seinen Wagen gefüllt: mit einem Sonderangebot Katzenstreu, einem Riesenpaket Windeln und einem Jahresvorrat an Papiertaschentüchern. »Der Rest muss in deinen Wagen«, bemerkte er mit aufrichtigem Bedauern.

Der Rest? Nun kamen Tiefkühlgerichte, Fleisch und Käse, Schokolade, Sekt, Leckereien und mehr. Mit überladenem Wagen stand ich schließlich vor der Kasse. Lothar hatte seine Windeln und Taschentücher schnell bezahlt. Jetzt sah er konzentriert aus dem Fenster. Ich räusperte mich. Er hörte nicht. Ich zahlte.

»Ich beteilige mich natürlich gern«, bot ich an, während ich die kostenpflichtigen Papiertüten zum Wagen schleppte. »Wir rechnen später ab«, versprach

Lothar. »Jetzt zeige ich dir erst mal die Gegend.« Die Gegend: Das war die Umgebung einer dörflichen Autowerkstatt weit außerhalb Wiesbadens. Lothars Wagen musste da auf die Inspektion vorbereitet werden. Derweil spazierten wir in Sichtweite auf und ab. »Dauert ganz schön lang, was?«, lächelte Lothar, als es dämmerte.

Zu Hause empfing Jutta uns mit betrübtem Gesicht. »Ich kann nicht mit ins Kino«, klagte sie, »ich habe keinen Babysitter gefunden.« Sie wollten ins Kino? »Geht, ihr Lieben«, sagte ich, »ich werde das Baby hüten.« – »Wirklich?«, rief Lothar mit gespielter Überraschung. Jutta lächelte glücklich: »Der Kleine ist auch schon gewickelt und gefüttert, er wird dir keine Schwierigkeiten machen.«

Der Kleine schrie, bis sie zurückkehrten. Ich schaukelte seine Wiege, ich ließ seine veganen Plüschtiere vorbeiparadieren, ich redete sanftmütig auf ihn ein, ich wiegte ihn sanft auf dem Arm und wanderte beruhigend hin und her. Nichts half.

Erst der Anblick seiner Mutter weit nach Mitternacht beschwichtigte ihn. »Vielleicht hatte er Angst vor dir?«, argwöhnte sie. Sie küsste ihn und strich ihm tröstend übers kahle Haupt: »Ach, der arme Kleine!«

Lange lag ich wach und wälzte düstere Gedanken. Schließlich siegte die Erschöpfung. Ich schlief ein. Und ich schlief lange. Mittags erst schreckte ich hoch. Ich hatte meinen Erbonkel vergessen! Am Vortag schon hätte ich ihn besuchen sollen.

Ich rief im Altersheim an. Jetzt herrsche Mittagsruhe, teilte mir eine gestrenge Aufseherin mit. Der Onkel habe den ganzen gestrigen Tag gewartet, und er sei sehr verärgert.

Mein Erbonkel empfing mich missgelaunt zur Audienz. Weshalb ich ihn versetzt hätte? Ich ließ ihn zum Trost Erinnerungen erzählen. Nach zwei Stunden war er sichtlich besser gestimmt. In der Tür blätterte ich wie beiläufig in meiner Brieftasche. »Oh!«, rief er. »Fast hätte ich's vergessen! In welchem Hotel hast du gewohnt? Ich zahle die Rechnung!«

»Ich habe bei Freunden übernachtet«, bekannte ich, »allerdings ...«

»Ausgezeichnet!«, unterbrach er. »Sparsamkeit ist Trumpf!« Er klopfte mir auf die Schulter: »Weiter so, mein Junge!« Und schloss die Tür.

Wellness mit greisem Wärter

Zu den kostbarsten Ruhezonen auf einer Reise gehört das Museum. Im Gegensatz zu Kirchen und Burgruinen ist es angenehm klimatisiert, bietet im Sommer noble Kühlung, im Winter kultivierte Wärme. Die Luft ist nicht zu trocken, nicht zu feucht. Die Einrichtung wirkt ansprechend, oft hängen sogar Gemälde an den Wänden. Die Sitzgelegenheiten sind rar, jedoch häufig gepolstert, die Toiletten schwer zu finden, aber immer sauber.

Und vor allem ist es still. Sehr still. Im Museum können wir endlich jene Erholung finden, derentwegen wir ursprünglich verreist sind. Natürlich winkt Entspannung nicht in jeder Abteilung. Sofern wir im Prado versehentlich den Velazquez-Sälen zu nahe kommen oder uns in Amsterdam Richtung *Nachtwache* verirren, sind wir übel dran. Da werden wir geschubst und geschoben, müssen hochspringen, um den Ausgang zu erspähen, bevor wir uns den Litaneien der Experten und dem Dunst ihrer Opfer entziehen können.

Dergleichen Strapazen gilt es auszuschließen. Deshalb ermitteln wir stets schon am Eingangstresen, welche Säle berühmte Werke aufweisen und deshalb zu meiden sind. Im Louvre wird es uns leicht gemacht. Wie bei einer Einbahnstraße leiten Pfeile zwingend zur Mona Lisa. Wenn wir in die Gegenrichtung streben, gelangen wir unweigerlich in die Gefilde der Seligen. Also zu jenen Malern, die weder Tizian noch Rubens heißen und dafür zu Recht mit Missachtung gestraft werden.

Dort können wir uns setzen und in idyllischer Ruhe unseren Müsliriegel verzehren. Gelegentlich mag ein Besucher in den Raum treten; er wirft nur pflichtschuldigst einen Blick in die Runde, prüft ein paar Namensschilder und geht dann schnell weiter. Falls er erstaunt zurücktritt und ein Bild länger betrachtet, dabei sogar anerkennend nickt, müssen wir allerdings darauf gefasst sein, dass wir versehentlich doch bei einem kleinen Rembrandt gelandet sind. Dann hilft es nichts, wir müssen weiter zurück in der Kunstgeschichte.

Nach meiner Erfahrung wird es Richtung Renaissance immer ruhiger, und im Mittelalter herrscht das Schweigen ewiger Grüfte. Mildes Licht. Stummes Wissen. Frieden. Wie aus seinem eigenen Grabmal erhebt sich ein greiser Wärter, der diese Abteilung bereits von seinen Ahnen geerbt hat und nie dem Tageslicht ausgesetzt war. Verständnislos blickt er uns an, wir nicken ihm zu und wenden uns dann kennerisch einer feingliedrigen Madonna nebst Stifterfiguren zu. Der Wärter rafft sich auf und zieht knarrend Kreise.

Es ist wie damals in der Schule: Wir müssen einen interessierten Blick wahren, bis der Lehrer uns für harmlos hält. Wenn wir aus dem Fokus seiner Aufmerksamkeit entlassen sind, können wir uns zur Ruhe setzen. So auch bei dem Wärter. Es ist möglich, dass wir erst gemessen von einem goldgrundigen Meister zum anderen schreiten müssen, durchschnittliche Verweildauer neunzig Sekunden, bevor der Wärter von unserer lauteren Absicht überzeugt ist und in einen Nebenraum abwandert; auch er will schließlich nur schlafen.

Falls er hingegen nicht von unserer Seite weicht oder uns sogar anspricht, weil er so selten Besuch kriegt, falls er womöglich mit eigenem Wissen prunken will, müssen wir weiter. Es geht schließlich um unser Glück, nicht um seines. Ich empfehle die Abteilungen mit Eingeborenen-Kunst. Die lockt nun wirklich niemanden, und auch das anwesende Personal ist stets in sprachloses Desinteresse versunken. Während in den Gemäldeabteilungen alle Besucher insgeheim im Verdacht stehen, sie wollten die Werke entwenden, zerschlitzen oder wenigstens besprühen, kann sich das in den Eingeborenen-Abteilungen beim besten Willen niemand vorstellen.

Der Wärter nimmt unser Eintreten als Signal dafür, abgelöst zu werden, und zieht sich sofort zurück. Wir sind allein zwischen afrikanischen Masken, mikroskopischem Elfenbeinschmuck und javanesischen Schatten. Alles ist zu unserem Schlummer hergerichtet. Mag es in fernen Räumen summen. Irgendwo heucheln unerfahrene Touristen Interesse für Informationen, die sie noch vor dem Verlassen des Museums wieder vergessen.

Wir sind erfahren und deshalb ehrlich. Wir wollen nur zu uns selbst kommen. Dazu ist der Urlaub da. Die größte Offenbarung, spricht der Weise, ist die Stille. Im Kurort Museum finden wir sie. Willkommen nun, o heilsamer Schlummer!

Ohne Alk in Isfahan

Sind Sie Alkoholiker? Ich ebenfalls nicht. Aber fehlte Ihnen nicht etwas, als Sie durch das ländliche Indien reisten? Oder durch ein traditionsreiches islamisches Land? Ihnen wurde versichert, lediglich offiziell gebe es dort keinen Alkohol, unter der Hand sei jede Menge zu haben. Und dann fanden Sie nirgends Zugang zu den geheimen Quellen. Auf dem Tisch standen immer nur Cola, Fanta und alkoholfreies Bier.

Als ich im Frühjahr zwei Wochen lang ohne Furcht und leider auch ohne Wein durch den Iran fuhr, musste ich schließlich meine Zuflucht zu Ayran nehmen, einem gefürchteten Joghurt-Trank, der von den Einheimischen nur deshalb nicht weggeschüttet wird, weil er einen Restgehalt Bio-Alkohol hat.

Im Basar von Isfahan, schon völlig ernüchtert, traf ich am Ende einen französischen Reiseleiter, der in braunen Medizinflakons die Hochprozenter seiner Heimat mitgeschmuggelt hatte. Unvergleichlicher Segen, wie wir einen Cocktail auf Calvados-Basis mixten, mit Eiswürfeln und Rosenwasser. Das alte Persien leuchtete auf!

Heucheln wir nicht. Die Stewardessen wissen es, die Animateure mit ihren Begrüßungscocktails wissen es: Bereits wenige Promille heben jede Reise über all die Mühsal und den Ärger hinweg, der ihr auch im besten Fall anhaftet. Haben Sie mal Sangria aus dem Eimer getrunken, am Strand einer Balearen-Insel? Ich auch nicht. Haben Sie sich beim Beer Bonging in Daytona Beach den Gerstensaft per Schlauch und Trichter in die Kehle füllen lassen? Nochmals nein.

Wir gehören nicht zu jener Sorte Touristen. Bei uns ist es echtes multikulturelles Interesse, das uns dazu treibt, die flüssigen Spezialitäten einer Region zu probieren, am liebsten die aus Trauben, jedoch auch aus Malz oder Gerste, notfalls aus Anis, Kokosnüssen, Zuckerrohr oder Agaven. Wegen unserer Neigung zu völkerverbindenden Gesten prosten wir unrasierten Einheimischen zu, selbst wenn ihre schlecht gefilterten Brände uns die Schleimhäute wegätzen und das Augenlicht für immer trüben. Weil wir stets etwas für den Weltfrieden tun, lassen wir uns auf einer griechischen Insel von einem Hirten den Wein traditionsgerecht aus einem Ziegenlederbeutel in den Hals gießen, gern aus der vorgeschriebenen Entfernung von siebzig Zentimetern, weil dann das meiste danebengeht.

In fremden Ländern betreten wir Spelunken, die wir zu Hause weiträumig umfahren würden, und reden uns ein, sie seien urig und echt regional. In England geraten wir in einen Zwei-Klassen-Pub mit getrennten Eingängen und mittiger Theke. Auf der

Arbeiterseite werden wir feindselig angestarrt. Auf der Seite mit dem Teppich und den gepolsterten Stühlen fühlen wir uns wie Landadelige, müssen allerdings den vierfachen Preis für dasselbe Ale aus demselben Zapfhahn zahlen. Das gehört dazu, sagen wir, und torkeln pleite nach Hause.

Es gibt genügend Enttäuschungen auf Reisen. Das Trommeln des Regens nun schon am dritten Tag, der Flug ist gestrichen, die Straße unpassierbar, die Berge verhangen, das Boot kann nicht auslaufen. Gegen all das halten die Einheimischen jahrhundertelang erprobte Heilmittel bereit: Cachaça und Gammel Dansk, pechschwarze Kräuterliköre und betäubende Absacker.

Wenn wir meditativ Urlaub machen, etwa im Kloster auf Zeit, kommt uns die Erleuchtung, dass Mönche und Heilige ihre höchste Erfüllung, die sogenannte Spiritualität, von jeher im Brennen von Spirituosen gefunden haben. Hildegard von Bingen, die weise Klosterfrau, ging niemals ohne Melissengeist auf Reisen.

Alle wissen Bescheid. Und doch kann es passieren, dass wir mitten in der Provinz in schwarzer Nacht plötzlich mittellos dastehen. Wir haben unsere greise Tante Gabi besucht, die keinen Alkohol mehr trinken darf und auch Gästen nur Kräutertee anbietet. Jetzt, im klammen Hotelzimmer, stürzen wir uns auf das Schränkchen unterm Fernseher. Was denn? Keine Minibar? Lediglich ein lauwarmes Fläschchen Mineralwasser grüßt vom Papieruntersetzer.

Und nun?

Gabi hat uns Schokolade mitgegeben, die sie auch nicht mehr essen darf. Wir wickeln die Packung aus dem vergilbten Geschenkpapier. Oh, Weinbrandbohnen? Welche Gnade! Verfallsdatum 2016? Sei's drum. Auf unser Wohl!

Unterm Sternbild des Elefanten

Neulich habe ich Sie gesehen, an Ihrem Reiseziel, das zufällig auch meines war. Gern hätte ich mich vorgestellt, doch das war unmöglich. Darf ich sagen, dass Sie ein wenig verkniffen wirkten? Sie hatten die Arme verschränkt, die Augen geschlossen, die Lippen aufeinandergepresst. So hockten Sie auf den Stufen des Doms, den Sie eigentlich besichtigen sollten. Oder war es ein Museum? Ihre Partnerin stand betreten daneben. Das Kind gehörte wohl auch dazu. Es tat so, als hätte es nichts mit Ihnen zu tun. Verständlich. Sie hatten gerade etwas geäußert wie: »Schluss. Ich gehe keinen Schritt mehr weiter. Ende. Aus. Seht zu, wie ihr allein zurechtkommt.«

Den weiteren Verlauf der Szene habe ich schweren Herzens der Dombesichtigung geopfert. Als ich wieder herauskam, waren Sie verschwunden, wohl fortgezerrt in ein Café oder in eine Bar. Dort haben Sie sich gegen Ihren erklärten Willen zum Weiterleben überreden lassen und sogar zur Fortsetzung der Reise. Am nächsten Tag sind Sie vermutlich übertrieben heiter gewesen, während ich nun meinerseits das Ende der Belastbarkeit erreichte – in dem Souvenirshop, in dem der Reiseleiter unsere Gruppe für zwei Stunden absetzte. »Jetzt reicht's. Endgültig. Das war's.«

Auf jeder noch so schönen Reise, auf Traumschiffen, Märchenschlössern und Paradiesinseln, ereilt uns unweigerlich so ein Tiefpunkt. Oft genügt schon der Hauch eines äußeren Anlasses. Die Kraft ist uns aus den Meridianen geronnen, der letzte innere Funke erloschen. Und wir fragen uns: Warum nur? Weshalb tue ich mir das an? Und bezahle auch noch dafür!

In solchen Fällen ist schnelle Hilfe nötig. Homöopathen geben Argentum nitricum, andere reichen Rescue-Tropfen. Meine Tante Gertrud zog bei Trübsal in der Ferne ein Faltblatt aus der Tasche, auf das sie säuberlich ihre drei Lieblingsgedichte geschrieben hatte. Sie las sie sich vor, erholte sich dabei zusehends, und nach der letzten Strophe ging es ihr großartig, sogar in Brasilien.

Doch das ist ein Rezept, das geistvollen Menschen vorbehalten bleibt. Für Sie und mich ist das Café vielleicht die bessere Idee. Im südlichen Indien retteten mich die Teeküchen. Den Tiefpunkt hatte ich in Chennai bereits sechs Minuten nach Verlassen des Flughafens erreicht. Irgendwann hielt der Taxifahrer an einem Chai-Shop am Stadtrand. Das war die Rettung. Der Tee für zehn Cent pro Plastikbecher war so stark und so süß, dass ich wieder in der Lage war, den Himmel zu sehen. Blau, Wolken, Sonne.

Ach, übrigens Himmel: Nachts hilft das Sternbild des Elefanten bei Krisen in der Ferne. Ich kann nicht beschreiben, wo es sich befindet, aber Sie entdecken es sicher. Mark Twain und seine Frau Olivia setzten es sich aus den Sternen anderer Zeichen zusammen, und wenn sie getrennt waren, orientierten sie sich nachts daran und fühlten sich nicht mehr allein.

Reiseautor Bruce Chatwin, eigentlich Agnostiker, berührte bei Anfällen von Orientierungslosigkeit ein Kreuz. Sein Kollege Paul Theroux bevorzugte einen Buddha-Anhänger. Bill Bryson schwört auf eine ayurvedische Creme für die Schläfen. Tiziano Terzani wählte als Zuflucht die eigenen Hände: Sie zu spüren, von innen, sie einfach nur wahrzunehmen und dabeizubleiben statt zu grübeln – das sei überall möglich und beende das schrecklichste Alleinsein auf Reisen, die schlimmste Panik.

Und vielleicht ist es nicht schlecht, wenn wir uns dabei auf eine Bank setzen können, womöglich in einen Park oder in ein Restaurant, in dem man uns wiedererkennt und jedenfalls freundlich begrüßt. Hinsetzen, sammeln, die ganze Reise vergessen, die Fremdheit, das Ausgesetztsein.

In Ostasien können Internetcafés Erleichterung verschaffen, in Kanada Tankstellen, besonders wenn es sie nur alle dreihundert Meilen gibt, in südlichen Sommern kühle Kathedralen. In exotischen Ländern haben mir noch die schwächsten Reminiszenzen an das alte Europa geholfen. Eines magenkranken Nachmittags auf der Fidschi-Insel Tavewa schleppte ich mich in die Lounge des Hotels. Dort spielte ein Wrack von Pianist das *Air* von Bach, falsch und kitschig, doch es war die Rettung.

Und wenn ich Sie das nächste Mal total ausgelaugt

irgendwo auf den Stufen sitzen sehe, schlage ich Ihnen womöglich einen Besuch des Friedhofs vor. Ein Spaziergang durch die Reihen verwitterter Grabdenkmäler lindert jedes Leiden. Besonders, wenn da jemand Berühmtes ruht. Dann können wir sagen: Auch dieses empfindsame Genie hat gelitten. Warum sollte es uns empfindsamen Genies besser gehen? Na, bitte. Schon geht es uns besser.

Die Finca unserer Bekannten

Vermutlich haben Sie Bekannte mit einem Holzhaus in Småland. Oder Verwandte, die vor Jahren eine Landarbeiterruine in der Provence restauriert haben. Auf jeden Fall haben Sie Freunde mit einer Finca auf Mallorca. Und die einen oder die anderen haben schon immer gesagt: Wenn ihr Lust habt, hütet doch mal bei uns ein! Nun ist es so weit. Mit dem Leihwagen folgen Sie einer unpräzisen Wegbeschreibung. Reklametafeln, Autofriedhöfe, Industriezonen.

Es regnet. Ihre Freunde werden behaupten, das sei eine Ausnahme. Aber selbst beste Freunde verleihen ihr Haus nie in der besten Jahreszeit. Trotzdem bedanken Sie sich bei der Ankunft. Sie bekommen eine mehrseitige Anleitung zum Gebrauch von Pumpe, Poolabdeckung und Alarmanlage, dazu Telefonnummern von Klempnern und Notärzten. Der Hausherr schreitet mit Ihnen die Zimmer ab, erzählt Anekdoten zu den Wespennestern und drückt im Keller rote, grüne und schwarze Knöpfe an der Heizungsanlage. So wird's gemacht.

Alles klar? Sie nicken beflissen und haben alles sofort vergessen. Eine Nacht oder zwei sind die Freunde noch da, danach ergreifen Sie vom Haus Besitz. Zunächst sind Sie noch vorsichtig. Die Freunde sollen alles genau so vorfinden, wie sie es verlassen haben, womöglich noch schöner. Deshalb kommt anfangs alles wieder genau an den Platz, wo es stand: der Spaghettitopf, die Tupperdosen, die antiken CDs. Aber nach ein paar Tagen schleichen sich Ungenauigkeiten ein. Ich zum Beispiel brauche immer ein paar Kannen zum Teekochen. Soll ich sie jedes Mal wieder zurückstellen? Nein. Und Ihnen fällt vielleicht auf, dass die abgereiste Hausfrau nicht sonderlich praktisch begabt ist. Vieles ließe sich besser arrangieren. Und Sie arrangieren es besser – behutsam zunächst, dann immer mutiger. Genau wie ich.

Wir fangen an umzustellen, umzuhängen, die Vorratshaltung zu optimieren. Die Schubladen wollten wir eigentlich nicht anrühren. Aber auf der Suche nach Nähgarn oder Tesa bleibt uns nichts anderes übrig. Einmal enthemmt, stöbern wir bald die entlegensten Geheimschränke durch und machen sonderbare Entdeckungen. Das Telefon wollten wir nur sparsam benutzen. Mit der Zeit vergessen wir solche Einschränkungen. Wir beschließen, unseren ausgewanderten Bekannten in Kalifornien und Südafrika live zu berichten. Die Freunde Hausbesitzer rufen an und erkundigen sich, ob alles in Ordnung ist. Oh ja, beteuern wir, alles bestens, wunderbar, vielen Dank.

Es ist einfach zu peinlich, nach dem Schalter für die Außenbeleuchtung zu fragen; sie brennt ununterbrochen seit ihrer Abreise. Leider haben wir am dritten Tag vergessen, nach dem Rosenbewässern den Schlauch abzustellen; jetzt droht dem Haus Erosion dank Unterspülung. Eilig arrangieren wir pittoreske Feldsteine über den Löchern. Im Schlafzimmer mehren sich die Flecken erschlagener Mücken an den Wänden; aber warum haben die Freunde keine Fliegengitter?

Und haben sie nicht ein wenig billig gebaut? Uns fällt nämlich ein eigentümlicher Sprung im Mauerwerk neben der Terrassentür auf. War der schon da, als wir kamen? Oder ist er entstanden, als im Wind die Tür zuknallte? Kein Zweifel besteht hinsichtlich der Glaskanne. Die müssen wir neu besorgen. Wir vergeuden wertvolle Ferienzeit, indem wir von Ort zu Ort fahren auf der Suche nach exakt der gleichen hässlichen Kanne.

Es ist immer noch kühl. Wir müssen den Freunden Mitschuld am Wetter geben. Ihre Schwärmerei war wahrheitswidrig; nun müssen eben ihre Pullover dran glauben. Auch die Restaurants, die sie empfohlen haben, taugen nichts. Eigentlich müssten wir ihnen das Essen in Rechnung stellen. Aber wir sind großzügig. Die Freunde wissen es nicht besser. Warum sind sie eigentlich hierhergezogen? In diese Ödnis? Es gibt viel schönere Flecken in der weiteren Umgebung.

Wir sind dankbar, sicher, aber sollen wir ihnen am Ende noch was bezahlen? Geld unter Freunden? Oder genügt ein Blumenstrauß? Die bunten Steine, die wir gesammelt haben, werden vielleicht nicht genügen. Dass wir die Terrasse gefegt haben, werden sie nicht einmal wahrnehmen. Können sie unsere präzise Aufstellung der empfangbaren Fernsehkanäle würdigen? Oder die logistisch unnachahmliche Art, wie wir die Töpfe neu arrangiert haben? Oder bemerken sie etwa nur, dass der seidene Kissenbezug Rotweinflecken hat? Und dass wir jenes Video ohne Etikett gesehen haben, das wir garantiert nicht entdecken sollten?

Gegen Ende unserer Zeit sind wir mit Restaurationsarbeiten beschäftigt. Entsetzt entdecken wir einen Klebezettel neben dem Stromzähler, auf dem der Hausherr den letzten Stand vermerkt hat. Erst haben wir gedacht, es ist für alle angenehmer, wenn wir wegfahren, bevor die Freunde wiederkommen. Jetzt wird klar, dass manches sich persönlich besser erklären lässt, etwa die Sache mit der Außentür, die unerklärlicherweise nicht mehr richtig schließt, oder das Missgeschick mit dem Porzellanpferd, das aber sowieso ziemlich kitschig war.

Wir müssen die Freunde wohl mindestens zum Essen einladen. Und beim nächsten Mal, das ist wohl für alle das Beste, nehmen wir ein Hotel.

Reisend die Welt verbessern

Jeder von uns kann die Welt auf Reisen ein wenig besser machen. Auch Sie. Ich tue es bereits umsichtig und mit dem gebotenen Respekt. Kurz unter uns: Wie sind Sie bisher in den Urlaub gefahren? Mit dem Flugzeug? Das ist falsch, und das ist Ihnen bewusst. Mit dem Auto? Auch verkehrt. Sie wissen das. Deshalb haben Sie dieses schlechte Gewissen beim Reisen. Oder ist es noch schlimmer: Reisen Sie entspannt? Womöglich leichten Herzens? Das wäre bedenklich. Sie sind schon beim Aufbruch vergnügt, bisweilen sogar unbeschwert? Das klingt gar nicht gut. Das ist sogar meldepflichtig. Im tiefsten Herzen wissen Sie – hoffentlich! – sehr genau, wie Sie zu reisen haben: nachhaltig, sozialverantwortlich, ökologieorientiert, und wenn es Ihnen irgend möglich ist, schuldbewusst.

Das mag sich jetzt im ersten Moment nicht verlockend anhören. Es klingt sogar ein wenig grau, ein bisschen lustfeindlich, ja, verdrießlich. Doch in diesem Jahr muss es sein. Eine UN-Kommission für nachhaltige Entwicklung hat genau dieses Jahr – und zum Glück auch alle folgenden von jetzt an –

zum »Jahr des Öko-Tourismus« ausgerufen. Kommt das überraschend für Sie?

Dann darf ich unaufdringlich ein wenig Nachhilfe anbieten. Ich reise schon seit geraumer Zeit kohlendioxidfrei, klimaneutral und mit kaum noch sichtbarem ökologischem Fußabdruck. Ich war einer der Ersten, der Sticker gegen die Abholzung des Regenwaldes, gegen Kinderarbeit, gegen Raubbau an Ressourcen, gegen Hass, Intoleranz und das nördliche Ozonloch auf den Koffer klebte. Seither erkenne ich nicht nur mein Gepäck auf dem Förderband sofort wieder; ich ernte von anderen Wartenden stets bewundernde Blicke. Auch trage ich auf Reisen stets den blauen Umweltwimpel bei mir, das internationale Gütesiegel für sozialverträgliche Menschen.

Vorrangig engagiere ich mich in der Aufklärungsarbeit. Ich habe noch keinen unberührten Eingeborenenstamm persönlich vor dem Massentourismus bewahrt, das nicht. Auch konnte ich mich nicht dazu durchringen, den Bau einer Pipeline in Anatolien zu verhindern, was ich laut Katalog *Ökumenisch-entwicklungsbezogene Lernreisen* zum Pauschalpreis hätte tun können. Ich habe mich nicht mal für den Clean Up Trek in Nepal eingeschrieben, obwohl Nepal mich interessiert; nur bücke ich mich ungern nach dem Bonbonpapier anderer Leute.

Reden ist wichtiger als Handeln, sage ich im Sinne der UN-Kommission. Wenn ich ins Flugzeug steige – und das tue ich nur noch aus pädagogischen Gründen –, mache ich die Piloten und die Stewardessen mit wenigen klaren Worten darauf aufmerksam, dass ihr Beruf unser aller Klima schädigt. Das kommt vielleicht nicht sofort an, wirkt aber subtil und umso intensiver. Am Ziel horche ich das einheimische touristische Personal aus, ob es schon an einem umweltfördernden »Forum der Bereisten« teilgenommen hat oder wenigstens die *Eco Letters* abonniert hat, die aus Europa kostenlos an ferne Tourismusbüros geliefert werden. Bevor ich mit meiner Mission komme, kennt man leider oft weder das eine noch das andere.

Der Reiseleiter bejaht meine Frage, ob er schon das vom Tourism Watch angebotene Anti-Rassismus-Training hinter sich hat. Seinem übereifrigen Kopfnicken entnehme ich, dass er noch nie davon gehört hat. Zum Ausgleich zeige ich dem Busfahrer, wie er durch das Abstellen des Motors vor jeder Ampel ein weiteres Abschmelzen der Polkappen verhindern kann. Dem Poolaufseher erläutere ich, weshalb ich keineswegs auf Liegestühlen zu ruhen gedenke, deren Lackierung Titandioxid enthält; er versichert in seiner Unwissenheit, dass das ganz bestimmt nicht der Fall sei. Landwirte im Flachland weise ich darauf hin, dass sie durch Wiedererrichtung von Strohställen den Anfall von Gülle vermindern können.

Sie nicken ergeben. Gewiss gewinne ich nicht auf Anhieb und überall Sympathien, aber das war einem Vorreiter niemals vergönnt, und unser kostbarer Planet selbst ist mir dankbar. Darauf kommt es mir an. Deshalb fördere ich als wandelndes Biotop unbeirrt auf jeder Reise weiter tiefenwirksames Nachhaltigkeitsbewusstsein und sozialverantwortliche Umweltverträglichkeit. Oder umgekehrt.

Jüngst allerdings, in einem beliebten Mittelmeerland, kamen mir Bedenken, als ich eine ortsansässige Bürgerinitiative unterstützte. Freigebig spendete ich ein paar ungültig gewordene Münzen in eine Sammelbüchse, bis ich erfuhr, dass sich die Initiative für das Bürgerrecht auf freie Altölentsorgung einsetzte. Immer wieder stelle ich fest, dass es gerade in unseren Lieblingsreiseländern noch an Problembewusstsein mangelt. Sind die am Ende vielleicht gerade deshalb unsere Lieblingsländer?

Egal, das Problembewusstsein muss gefördert werden. Gerade in idyllischen und entspannten Ländern müssen die Warnblinkanlagen unausgesetzt leuchten, die Alarmglocken schrillen. Bitte helfen auch Sie dabei, störrische Einheimische zu überzeugen. Jede unserer Reisen muss eine Learning Journey werden, nicht für uns, sondern für die bereisten Einwohner. Bitte helfen Sie bei deren Einbindung in die Wahrnehmung ökologischer Themen, überwinden Sie deren klimaschädliche Abwehrhaltung, versuchen Sie überall zu debattieren und leiten Sie – besonders bei heiteren Völkern – den fälligen Perspektivwechsel und die Veränderungsprozesse ein. Machen Sie es wie ich und sorgen Sie aufklärend für das berühmte Co-Sensing, also für den einfühlsamen Austausch, der zum Ziel hat, dass die Einheimischen genauso depressiv werden, wie wir es bereits sind.

Nach meiner Erfahrung lässt sich das am schnellsten mit einer Checkliste erreichen, ohne die weder

Sie noch ich im Jahr des Öko-Tourismus ein Hotel betreten sollten. Das Lächeln am Empfang ignorieren wir gleich mal. Wir stellen stattdessen unbeugsam unsere kritischen Fragen: Ist die Bauweise dieses Hauses und aller anderen in der Umgebung nachhaltig? Wird bei Ihnen durchweg Energiespar-Beleuchtung verwendet? Lassen Sie die Zimmer mit ökologischen Reinigungsmitteln pflegen? Sind alle WCs wassersparend? Verwenden Sie Haushaltsgeräte der Energieeffizienzklasse A? Stammen wirklich alle Lebensmittel aus der Region? Und wo bitte ist die Anlage zur Regenwasseraufbereitung? Sie beziehen ausschließlich Ökostrom? Und haben in jedem Zimmer Wassersparhähne eingebaut? Wie halten Sie es mit der regenerativen Energiegewinnung? Wird Müll bei Ihnen bewusst vermieden? Und ansonsten zu mindestens achtzig Prozent recycelt?

Das Hotelpersonal ist nicht immer kooperativ, aber das wird sich schon ändern. Und bis dahin sollten wir ein Zelt dabeihaben, denn nur die wenigsten Häuser halten so einer Checkliste stand. Ich muss auch gestehen, dass ich in einen Zwiespalt geriet, als ich in einem Hotel unter Palmen einen weiß bemützten Angestellten – offenbar den Koch – bei der Kakerlakenjagd ertappte. Sollte ich ihn bei der Verfolgung der kleinen Tiere gewähren lassen? Oder sollte ich ihn stoppen, um dem weiteren Artensterben vorzubeugen? Ich war im Zwiespalt, und meine bevorzugte Reiselektüre, das *Weißbuch der Umweltverbände für einen problemorientierten Tourismus*, half ebenfalls nicht weiter.

Dagegen erteilte mir ein Bergbauer im Wallis einen sonderbaren Rat, als ich ihm nahelegte, die erosionsfördernden Skipisten wieder aufzuforsten.

»Sie selbst können auch zum Umweltschutz beitragen«, erklärte er.

»Nun, das tue ich bereits auf Schritt und Tritt«, informierte ich ihn. »Oder haben Sie eine neue Idee? Wie denn noch?«

»Indem Sie einfach den Mund halten«, sagte er.

Aha. Na, gut. Dann wünsche ich Ihnen einstweilen eine nachhaltige Regeneration.

Ein bisschen Geisterbahn muss sein

Wir sind niveauvoll. Wir reisen, um unsere Kenntnis der Welt zu vertiefen. Wir benötigen keine dramatischen Events, keine Vergnügungsparks, keine Lightshows, überhaupt keine vordergründigen Effekte. Oder etwa doch? Klares Nein.

Na ja. Vielleicht ein paar. Ab und zu. Es ist einfach tröstlich, wenn wir auf tiefgründigen Studienreisen zwischen Informationen über Epochen und Dynastien gelegentlich durch eine Prise oberflächliches Entertainment abgelenkt werden. Der nässende Wandfleck eines betagten Schlossgespenstes kann einen Tag voller Tudorgotik retten. Eine astronomische Uhr mit mechanisch zuckelnden Planeten vermag uns im finsteren Dom aufzumuntern. Und am angeblich historisch bedeutsamen Rathaus trotten Punkt zwölf ein paar Figuren im Kreis, das reicht uns schon als Stimmungsaufheller.

In der Barockkirche verhallen die Namen und Daten, die der Führer im Wachschlaf herunterbetet. Aber dass der Marmor kein Marmor ist, sondern bemalter Gips oder Holz oder sogar Pappmaschee, dafür haben wir etwas übrig. Wie haben die das denn hingekriegt? Auch ein paar andere Zuhörer erwachen. Auf Island lassen wir die geologischen Details demütig über uns ergehen. Tektonische Spalten, Aschewolken, Magmakrusten – geschenkt. Aber wenn der Geysir aus dem Loch schießt und beinahe die lästigste Mitreisende in die Stratosphäre beamt, dann sind wir verzaubert.

Nun noch eine Falltür in der alten Festung, durch die einst feindliche Ritter zu Tode stürzten – die Lästige tritt verlockend nah an den Rand –, dann ein blubberndes Hochmoor, in dem eine adlige Hochzeitsgesellschaft versank, weil der Fürstenspross eine Schauspielerin heiraten wollte, und schon hat sich die Reise beinahe gelohnt.

Über so etwas wie den Loch-Ness-Tourismus können wir nur sehr breit lächeln. Erstaunlich, dass es immer noch Leute gibt, die so etwas anzieht. Aber den kleinen Umweg gönnen wir uns doch und starren dann den ganzen Tag auf die Seeoberfläche und mögen uns kaum davon lösen. Sicherheitshalber machen wir eine Reihe von Fotos von der unbewegten Wasseroberfläche. Wenn man sie später vergrößert betrachtet, ist vielleicht doch was zu entdecken. Hat dieses Verhalten womöglich mit der wissenschaftlichen Skepsis zu tun, die uns geistvoll Reisenden eigen ist?

Zweifellos. Und weil wir trotz höchsten Niveaus immer noch Menschen sind, hegen wir auch eine heimliche Vorliebe für dramatische Effekte. Ungerührt kurven wir durch eine enge Schlucht nach der anderen; aber falls eine davon Teufelsschlucht heißt, spähen wir erwartungsfroh aus dem Fenster. Wenn ein Reiseleiter vor grauen Felsen die Epochen der Erdgeschichte erläutert, schlummert die Gruppe im Stehen. Doch falls er auf eine Vertiefung hinweist, auf den legendären Hufabdruck eines Reiters, der hier fliehend über die Felsspalte setzte, wobei seine Mätresse leider von Pferd fiel – oder geschubst wurde, man weiß es nicht, Experten sind uneins –, dann werden wir für kurze Zeit wach.

Die Reste von Pompeji, na schön, vielleicht sollte man einen Blick drauf geworfen haben. Nachgearbeitete Grundrisse von Villen und Tempeln, geschminkte Mosaikreste, arrangierte Fragmente – ja, gut, okay. »Aber ist hier nicht«, forscht eine reizende alte Dame, »ein Liebespaar vom Ascheregen überrascht worden, mitten beim, also, sozusagen oder vielmehr in der Umarmung, und kann man sie noch sehen, innig umschlungen, die versteinerten Körper?«

Die Gemeinschaft der Reisenden wird putzmunter angesichts dieses wissenschaftlichen Beitrags. Raunen, Tuscheln, Nicken. Und richtig, auch wir haben so was mal im Film gesehen, vermutlich auf Alpha oder Phoenix, diese Sache mit dem Gerbereibesitzer und der Sklavin. Ja, ganz richtig, die hatten eine Affäre, in Pompeji, als es noch duftig und lauschig war, als der Vulkan sich aber bereits vernehmlich räusperte! Und die sind also direkt dabei, mittendrin, also in einer Art Besprechung, erwischt worden, vom Glutregen? Hallo? Wo genau?

Der Reiseleiter runzelt archäologisch die Stirn. Er weiß von gar nichts und möchte lieber Gravuren auf Basaltplatten und Marken an Grenzsteinen erläutern.

Sein Kollege im griechischen Amphitheater hat mehr Verständnis für unsere tieferen Bedürfnisse. Nachdem alle Schlachten und Herrschergeschlechter vorbeigerauscht sind, entzündet er unten auf der Bühne ein Streichholz. Und wir oben auf den Rängen hören es! Unfassbar! Und das ist dann auch das Einzige, was von der Antike in Erinnerung bleibt. Den Rest könnten wir gegebenenfalls nachlesen. Von der St Paul's Cathedral haben wir uns auch nicht so richtig viel gemerkt – aber die Whispering Gallery. Die war gut! Jedes geflüsterte Wort ließ sich noch dreißig Meter entfernt vernehmen – vorausgesetzt, man flüsterte es an einem vorgeschriebenen Platz gegen die Wand. Die Schallwellen huschten dann im Halbkreis am leiernden Guide vorbei.

Und da war doch mal so was Ähnliches in Deutschland, so ein Flüsterbogen, wo war der noch? In Görlitz, Erfurt, Eisenach? In dem gotischen Portal konnte ich auf der einen Seite wispern: »Diese Führerin ist ja total bescheuert«, und meine Frau auf der anderen Seite hörte es. Und die Führerin, ganz nah und dennoch außer Hörweite, lächelte gütig. Oder sie hatte diesen Satz einfach schon sehr oft gehört.

So etwas jedenfalls macht Reisen zum Erlebnis. Lüftungsschächte, die insgeheim Hörrohre sind, Grotten mit unheimlichen blinden Urtieren, die nahezu durchsichtig sind und nur darauf warten, angefettete Touristen zu verschlingen; versenkbare Tische, auf denen nachts, wenn die Herrschaften schliefen, geifernde Zwerge durch die Geschosse fuhren; Tapetentüren, durch die Meuchler verschwanden, die Blutspur an der Zarge ist noch zu sehen und leuchtet bei Nacht. Irrlichter, Geisterkutschen, Spukgestalten. Wir brauchen ein bisschen Dramatik auch auf sanften, nachhaltigen, kulturell ambitionierten Reisen, ja, gerade dort. Manchmal reicht uns ja schon eine gelungene Tromp-l'œil-Malerei, eine Scheinarchitektur, bei der sich nicht unterscheiden lässt, ob das Gesims echt ist oder zum Fresko gehört und wo die reale Balustrade in eine gemalte übergeht und wo eine reale gelockerte Zinne dem Burgherrn zum Verhängnis wurde.

Eine Schlossbesichtigung taugt nichts, wenn in der Ahnengalerie nicht wenigstens ein Porträt zu finden ist, dessen Augen den Betrachter aus jedem Blickwinkel verfolgen. Dann mag die Abgesandte des Tourismusbüros erzählen, was immer sie will – ich wandere knarrend im Raum umher und prüfe, ob das Gemälde mich unablässig im Auge behält. Tatsächlich! Und wenn dann ein Mitreisender tuschelnd verrät, dass die gemalten Pupillen Löchlein bergen, durch die ein Intrigant beobachten konnte, was im Raum vor sich ging, zum Beispiel wie die liebeshungrige Herrscherin einen jungen Knappen in eine Ecke drängte, worauf der intrigante Zeuge sich verschluckte und hustete und sogleich eigenhändig von der schon halb entblößten Herrscherin erstochen wurde – dann haben wir endlich etwas zum Gruseln und zum Erzählen, und ach, dann bringt die Reise Spaß. Integrierender Tourismus, ja, Bewusstsein der Nachhaltigkeit, klaro, vertikales Verständnis fremder Kulturen, ja, ja, ja, aber ein bisschen Geisterbahn muss sein!

Der Reiseleiter

An ihrem Gang sind Menschen schon von weitem zu erkennen. Der da durch unsere Einkaufsstraße watschelte, dieser leicht adipöse, gleichwohl würdevolle Mann konnte nur einer sein: unser Reiseleiter von damals! War es vier Jahre her? Rückwärts schätzend soll man die Spanne verdoppeln. Also acht Jahre. Ich holte ihn ein: »Das ist ja eine Überraschung, hallo!«, und begrüßte ihn fehlerfrei mit Namen. Sein glückliches Lächeln verriet: Er erkannte mich nicht.

»Wir sind mal mit Ihnen gereist!«, klärte ich und stellte mich vor.

»Ach ja!«, behauptete er. »Richtig!«

»Ist schon acht Jahre her«, gestand ich ihm zu. »Aber wir denken immer wieder gern dran zurück, dieses Licht, diese Farben, diese Weite!« Er nickte: »Das ist Afrika.« Weil ich nicht widersprach, versuchte er: »Dhofar, stimmt's?« Von Dhofar hatte ich nie gehört. »Oder die Nilkreuzfahrt?«

»Die Königsstädte!«, antwortete ich.

»Die Königsstädte, richtig!« Jetzt schien er sich zu entsinnen. »Oh, ja, das war eine großartige Gruppe. Sie waren alle so wissbegierig, so offen! Nur – ich habe jetzt keine Zeit. Aber machen Sie doch mal wieder so was! Katalog ist online!« Er entfernte sich rasch.

Er hatte es schon damals eilig gehabt. So als müsse er sich allzu dreisten Fragen entziehen. Er war also für ganz Nordafrika als Experte tätig gewesen und hatte augenscheinlich mehr Gäste gehabt als nur meine Frau und mich und unsere kultivierte Gruppe. Hatte er nicht schon damals versichert, wir seien ganz besonders wissbegierig und offen gewesen?

Das hatte er. Es ist wie mit alten Lehrern. Uns haben sie sich unauslöschlich ins Gedächtnis geprägt und tiefe Spuren in der Hirnrinde hinterlassen; wir hingegen sind ihnen gleich wieder entfallen. Wir waren nur durchlaufendes Federvieh auf ihrem Hof. Wenige Jahre später erkennen sie uns nur mit sehr viel Nachhilfe. Wir waren einfach nicht originell genug, nicht herausragend, nicht einzigartig.

Reiseleiter sind einzigartig schon dadurch, dass sie vorn stehen. Einige geben tatsächlich gute Anführer ab, meist weniger kenntnisreich als angekündigt, dafür aber dynamisch und mitreißend. Andere sind umfassend gebildet, jedoch von lethargischem Temperament und bereits abgenutzt. Einige sind auf Anhieb liebenswert, aber nuscheln, und was sie erzählen sollen, liest man am besten selbst nach. Die optimale Mischung trifft man selten.

Der rasch wieder enteilte Herr hatte damals seine Frau dabeigehabt, entweder kostenlos oder zum halben Preis, das kriegten wir nie heraus. Sie diente als Puffer und Prellbock, als mütterliche Anlaufstelle für persönliche Probleme und zuweilen als Quelle für Tabletten und Pflaster. Sie schirmte ihren Mann ab, so dass er kaum Leidensfähigkeit beweisen musste und ungestört regieren konnte. Das machte er gut. Er achtete darauf, dass niemand sich absonderte, brachte Querulanten mit einem freundlichen Witz auf seine Seite und ließ weder über Programmpunkte abstimmen noch Wünsche ausdiskutieren. Er sagte an, wo es langging. Sein Motto hieß: Die Gruppe will beherrscht sein.

Diese Art Reiseleiter wird selten. Nicht wegen solcher Eigenschaften. Sondern weil die bereisten Länder sich gegen sie sträuben. Vor allem kleine Nationen möchten eigene Guides an die Fressnäpfe lassen. Selbst wenn unser mitgebrachter Gelehrter alle lizensierenden Prüfungen des betreffenden Landes absolviert hat, er ist nicht wohlgelitten. Sogar europäische Länder, vor allem jene, die ans Mittelmeer grenzen, mögen keine Ausländer, die mit Mikrofon vorn im Bus sitzen oder mit hochgehaltenem Schild eine Gasse durch die Menge bahnen. Sie wollen ihren eigenen lokalen Führer stellen und bezahlen lassen. In totalitär regierten Staaten mit schütterem Nationalstolz geht das ohnehin nicht anders. Der vom Regime auserlesene Fachmann soll auf uns aufpassen und eventuell Erwähnenswertes melden.

Lächelnd steht so ein indigener Experte an der Zollabfertigung, mit dem Wappen des Veranstalters, und tut so, als sei er überglücklich, uns zu sehen. So viel Keepsmiling hat er gelernt. In Wahrheit wird er erst am Ende der Reise glücklich sein, wenn er uns wieder abliefern darf, mit einem unsichtbaren, allumfassenden Fußtritt. Dann benötigt er selbst Urlaub.

Das ist jetzt noch fern. Nun erklärt er erst mal, wie viel Geld wir tauschen sollen. Er wartet geduldig, sogar auf Frau Schönleber. Im Bus verkündet er, in welchem staatseigenen Hotelkasten wir übernachten müssen. Bei der Vergabe der Zimmerschlüssel begeht er erste Fehler. Er platziert Gebhardts neben Mittelstedts, obwohl die einander nicht ausstehen können. Uns hingegen teilt er ein Zimmer neben dem Fahrstuhl zu, während der alleinreisende Gockel eine Suite mit Fernblick erhält.

Verwunderung, Kopfschütteln, Ärger. Wir sind gerädert und übernächtigt. Das muss er doch wissen, das muss er uns ansehen! Kaltherzig setzt er für den Aufbruch die früheste Morgenstunde an. Wir sollen keine Zeit verlieren. Werden wir uns unter diesem totalitär geprägten Befehlshaber erholen können? Im Bus pustet er lautstark ins Mikrofon. Er klopft sogar dagegen, damit wir nicht einschlafen. Nach wenigen Sätzen offenbart sich, dass er zwar einige Deutschkurse besucht hat, aber nicht mit dem Ergebnis, dass man ihn verstehen kann. Bereits die eigentümliche Satzmelodie erschwert es uns, zu folgen. »Toll, wie Sie sprechen«, versichern wir ihm.

Alle Reisenden sollen am ersten Tag das klotzige Nationalmuseum besichtigen, von den trübsinnigsten Funden der Altsteinzeit bis zu den überflüssigsten Errungenschaften der Revolution. Muss dieser Beauftragte des Heimatschutzministeriums jedes

Stück mit grausamer Detailfreude erläutern? Schon bröckelt die Gruppe. Die Ränder zerfransen. Nur ein harter Kern aus Alten und Kranken, die den Moment der Flucht verpasst haben, bleibt um ihn.

Wir könnten uns beliebt machen, indem wir so tun, als lauschten wir seinen Litaneien mit aufrichtigem Interesse. Oder reicht es, wenn wir uns beim Essen neben ihn setzen und ihn loben, damit er uns endlich mal ein Zimmer zuteilt, in dem die Dusche funktioniert? Vielleicht geruht er dann auch, sich unseren Namen zu merken? Einige kennt er bereits, unser kostbarer Name entfällt ihm immer aufs Neue. Müssen wir uns mit ihm über seine Familie unterhalten? Wahrscheinlich.

»Sie machen das sehr gut«, behaupten wir also und stellen Fragen wie: Haben Sie das studiert? Und wie lange machen Sie das schon? Sind Sie verheiratet? Mit hoher Wahrscheinlichkeit erfahren wir, dass sein arbeitsamer Vater früh verstorben ist und seine kummervolle Mutter etwas mit dem Herzen hat.

Das ist nicht unsympathisch. Aber als wir parallel zu seinen Auslassungen heimlich im Reiseführer blättern – online können wir in diesem Land nichts nachprüfen –, entdecken wir, dass er doch so einiges verwechselt und anderes schlicht auslässt. Auf spezielle Fragen, und seit der Schulzeit stellen wir gern spezielle Fragen, bleibt er die Antwort oft schuldig. Eine munkelnde Opposition bildet sich um den mitgereisten Historiker, der mühelos alle Fakten, auch die alternativen, parat hat, sie allerdings nur halblaut preisgibt. »Öffentlich, also vor der Gruppe, darf man höchstens dreißig Prozent korrigieren«, raunt er. Den einheimischen Reiseleiter ertappen wir dagegen am Abend in einer abgelegenen Bar, wo er schwitzend die Route des nächsten Tages studiert und Basisinformationen bimst.

Wenn er wenigstens ein begabter Pädagoge wäre! Doch die großen Zusammenhänge entgleiten ihm, während er unablässig die wenigen Details wiederholt, die er am Vorabend gelernt hat. An einigen Tagen, wenn er mit der abendlichen Weiterbildung nicht nachgekommen ist, sitzt er ungeniert vorn in seinem extra gefederten Sessel und liest seitenlang vor, was wir am Zielort des Tages zu sehen bekommen. Einmal, während einer Pause in öder Landschaft, zieht er sich zurück und telefoniert ausgiebig, während wir herumstehen und den Himmel betrachten. Ein andermal gesellt sich ein klappriges Auto zu uns, aus dem jemand steigt, der uns ölig anlächelt und den er als seinen Schwager ausgibt. Etwas abseits stecken die beiden die Köpfe zusammen und tauschen etwas aus, womöglich nicht nur Informationen. An den schönsten Plätzen nötigt er uns anschließend zur Eile, auf dass wir die Zeit in den Restaurants und Teppichläden absitzen, von denen er Provision bezieht.

Wären wir alleine besser gefahren? Wozu ist er gut? Zugegeben, er beherrscht die kuriose Landessprache und kann auch die sonderbare Schrift lesen. Er weiß, wo die Klos sind und wo man Wasser kauft. Mit dicken Ticketpäckchen lotst er uns in Museen, vor denen wir lange anstehen müssten, wenn wir sie freiwillig besuchen wollten – was wir uns allerdings erspart hätten. Er ordert eine Torte mit emissionsreichen Wunderkerzen, wenn jemand Geburtstag hat. Er verzeiht uns, dass wir die grelle Schirmmütze nicht aufgesetzt haben, die uns von weitem als Gruppenmitglieder erkennbar gemacht hätte.

Sollen wir umgekehrt auch ihm verzeihen? Vielleicht ganz am Ende, beim Winken. Bis dahin muss er seine wichtigste Funktion erfüllen: die des Schuldigen. Egal, wie gut er ist, er könnte es besser machen. Unsere Gruppe weiß sogar wie. Auf selbst organisierten Reisen sind wir meist selbst die Deppen. Mit ihm gibt es einen Verantwortlichen für alle Missgeschicke. Auch für nervtötende Mitreisende. Warum lässt er sie nicht abführen, wie es doch üblich ist in seinem Land? Weil die Reisekosten eine Art Lösegeld sind. Wo immer es jedenfalls hapert, wir dürfen ihm die Schuld aufbürden. Und das ist erleichternd. Das hebt unser Selbstgefühl. Und das kommt hundertprozentiger Erholung schon sehr nahe. Doch, ja, dafür gebührt ihm Dank. Und natürlich Trinkgeld, wie gewünscht in Devisen. Für uns bedeutet es keinen großen Verlust, in seinem Land wird er dafür seiner Mutter neue Vorhänge kaufen können. Wird er uns also freundlich in Erinnerung behalten? Natürlich nicht. Aber wir ihn auf jeden Fall, ob wir nun wollen oder nicht.

Zwischen Norwalk und Yersinien

Waren Sie schon auf den Shigellen? Haben Sie Yersinien durchstreift? Sind in Norwalk gewandert? Bestimmt nicht. Shigellen, Yersinien, Norwalk kann man nicht besuchen. Muss man auch nicht. Sie besuchen uns auf der Reise. Etwa wenn wir in Ägypten Leitungswasser trinken, in Marokko das Obst nicht richtig schälen oder auf Sri Lanka den Cocktail mit Eiswürfeln nehmen.

Die Shigellen und ihre kleinen Freunde sind genau jene Bakterien oder Viren, die unsere gewohnte Reiseverstopfung auf radikale Weise beseitigen. Sprechen wir nicht weiter davon, Sie wissen Bescheid. Genau wie ich akzeptieren Sie in exotischen Restaurants schon lange nur noch Getränke aus versiegelten Flaschen. Geöffnete Flaschen lassen Sie zurückgehen, denn deren Wasser ist garantiert aus einer von Asseln bewohnten Leitung gezapft. Auf Milchprodukte verzichten Sie in zweifelhaften Ländern ohnehin. Das kalte Buffet umgehen Sie weiträumig, denn vor Ihrem Eintreffen stand es für ein paar Stunden den Salmonellen zur freien Verfügung. Und abends zum Zähneputzen kochen Sie das Wasser mit dem Reisetauchsieder ab.

Ich muss Ihnen also nichts über Spulwürmer oder Leberegel erzählen. Schade eigentlich. Aber es gibt ja noch so viel anderes, was unsere Reisen zu Abenteuern macht. Früher brachten wir allenfalls einen Sonnenbrand mit und im Winter einen Knöchelbruch. Jetzt beschäftigen uns magische Namen wie Denguefieber, Kala-Azar, Ross-River-Virus.

Ich weiß nicht, wie es Ihnen geht. Aber Gegenden, für die nicht wenigstens Malaria-Vorbeugung oder Gelbfieber-Impfung erforderlich sind, üben auf mich keinen Reiz aus. Sich einen Husten einfangen oder den Fuß verstauchen kann man auch im Fichtelgebirge. Aber Orientbeulen gibt es eben nur im Orient, und um den Hautmaulwurf zu treffen, muss man schon in die Tropen reisen. Sie kennen den Hautmaulwurf? Er heftet sich an einen vorüberschreitenden menschlichen Fuß, knabbert, kostet und baut sich dann in der Hornhaut ein geräumiges Gängesystem. Unsere Eltern oder Großeltern konnten sich die Begegnung mit so einem originellen Tierchen nicht leisten. Wir können es.

Und da es uns schon mal in die Tropen zieht, sind wir gleich auch Kandidaten für die berühmte Schlafkrankheit, von der unsere Altvorderen nur in Abenteuerbüchern lasen. Wir sind live dabei! Schaudernd erzählen wir einander Gruselstorys von Bilharziose-Würmern, die sich in stehenden Gewässern zu den Badenden schlängeln, durch deren Haut bohren und von da an im Körper Fortpflanzung treiben. Und auf unserer Safaritour war eine Dame dabei, Mitte dreißig, kerngesund, die kriegte plötzlich Fieber und binnen einer Woche – nun, sie hat das Risiko gekannt. Oder hätte es kennen sollen.

Aber wir selbst wissen auch nie genau: Sollen wir nun eigentlich Chloroquin, Proguanil oder Mefloquin nehmen? Was ist am bekömmlichsten? Und summen Malariamücken zu erkennungsdienstlichen Zwecken besonders laut oder auf einer speziellen Tonhöhe? Sehen Tsetsefliegen aus wie unsere Fensterbrummer? Jedenfalls darf die Maschengröße des Moskitonetzes nicht größer als ein Millimeter sein. Das haben wir gelesen. Und eigentlich sollen wir langärmelige Kleidung tragen, ausgerechnet in der Wärme, und am besten noch ein Halstuch, einen breitkrempigen Hut und womöglich stichfeste Fingerlinge. Dazu Lederschuhe, besonders am Strand, wegen der Hakenwürmer. Klingt mühsam, schützt jedoch.

Meine Lieblingsinternetseite netdoktor.de empfiehlt das vorbeugende Einsprayen mit Diethyltoluamid sowie die Mitnahme von sterilen Wundkompressen, Mullbinden, Klebeband, Schere, Pinzette und Dreieckstuch, ferner Desinfektionsmittel auf Polyvidon-Jod-Basis, Schmerzmittel, Fiebermittel, Medikamente gegen Übelkeit, Durchfall, Verstopfung, Juckreiz sowie tabellarische Blätter, auf denen die fälligen Fieberkurven exakt nachgezeichnet werden können. Das hilft später bei der Diagnose. Ich persönlich finde auch ein Gebetbuch hilfreich.

Ach so, ganz wichtig: Erste alarmierende Anzeichen einer exotischen Infektion sind Müdigkeit und Abgeschlagenheit. Haben sich nach Ihrer letzten

Rückkehr etwa solche Symptome eingestellt? Auch nur ein Anflug davon ist bedenklich! Und Sie wollen trotzdem bald wieder los? Bewundernswert, wie tapfer Sie sind! Aber ich weiß auch nie so genau, in welchem Stadium welcher Reisekrankheit ich mich zurzeit gerade befinde. Dann nehmen wir also noch ein letztes Mal all unseren Mut zusammen. Es gibt ja auch einen Lichtblick: Medikamente sind im Ausland so billig, dass es Verschwendung wäre, wenn wir gesund blieben. Also freuen wir uns, dass wir vor unserem Hinüberscheiden noch etwas Schönes erleben dürfen. Und genießen wir die verbleibende Frist.

Urkunden

»Bewahre alles auf, was nach Urkunde aussieht!«, schärfte mein Großvater mir ein. »Du wirst es für die Rente brauchen!« Ist das wahr? Und gilt das auch für all die halboffiziellen Blätter, die ich im Laufe meiner Reisejahre gesammelt und sorgsam abgelegt habe?

Auf Pergamentimitat und handgeschöpften Bütten, versehen mit amtlichem Siegel nebst Bändchen oder gestempelt und großspurig unterschrieben, beglaubigen sie oder bestätigen sie irgendetwas. Im Zweifelsfall, dass ich als abzockbarer Tourist anerkannt bin.

Immer mehr Urlaubsorte sind dazu übergegangen, ihren Gästen etwas Bleibendes auszuhändigen. Etwas, das möglichst wenig kosten und dennoch mit Stolz erfüllen soll. Wir lächeln darüber. Eigentlich könnten wir diese Urkunden noch am Ferienort entsorgen. Aus Höflichkeit nehmen wir sie mit. Möglicherweise interessiert sich zu Hause jemand dafür. Später mal. Nach unserem Ableben.

So entstehen verhängnisvolle Ablagen. Bei mir hat es mit einer seefesten Taufurkunde begonnen. »Wir, Neptun, Alleinherrscher aller Meere, befehlen allen

Nixen und Nymphen, den vorstehend Genannten jederzeit ungehindert den Äquator passieren zu lassen.« Der Text ist noch um einiges länger, mit laienhaften Zeichnungen geschmückt und vom Kapitänsroboter unterzeichnet. Was mache ich damit? Einrahmen und Aufhängen wäre peinlich, das ginge allenfalls im Keller. Wegwerfen wäre undankbar. Meine Kinder bewundern mich nicht dafür, werden die Enkel es tun? Sie könnten bei *Bares für Rares* ein Vermögen damit machen!

Als ich einen Ordner für die Urkunden einrichtete, erinnerte ich mich zahlloser Wanderstempel, die ich als Kind auf windigen Bergkuppen aus Kästen holte und unter Anleitung meines Vaters stolz in zerfranste Hefte presste. Dergleichen hat, in Design und Handhabung aufgewertet, längst inflationär um sich gegriffen. Nicht nur auf Dachstein, Rennsteig, Schwarzwaldhöhen, Heidewegen, rund um Wien oder Mittenwald, Marienbad und Wörishofen – nein, mittlerweile auch in renovierten Städtchen und bei Winzern gibt es Stempel, die in Pässe gedrückt werden müssen und dazu berechtigen, ein Abzeichen, eine Nadel, einen Aufnäher und natürlich eine Urkunde zu erwerben. Parallel können datengeschützte Punkte gesammelt werden, aber das Altmodische, Urtümliche, von Wind und Wetter Patinierte hat einfach mehr Charme.

Ein mit Stempeln übersäter Ausweis vom Jakobsweg gehört mittlerweile in jede bürgerliche Schublade. Man lässt sich das Blankoexemplar vom Pilger-Onlineshop schicken und legt es dann in jeder

Herberge entlang des Camino vor. Auch in Kirchen und Imbissbuden stehen inzwischen Stempel zur Verfügung, damit der *Credencial de Peregrino* schön bunt gefüllt wird. Leute, die wie ich maximal die letzten hundert Kilometer zu Fuß gehen wollen, am liebsten nur die letzten dreieinhalb, müssen sich täglich zwei Sellos holen. Sonst gibt es im Pilgerbüro in Santiago am Ende nicht die lateinische Ablassurkunde, die *Compostela*, die von allen Vergehen reinigt, bei Ebay allerdings schon längst nichts mehr bringt. Sie ist zu verbreitet.

Freunde haben mir berichtet, dass man im australischen Tweed Valley elf Wanderstempel erhaschen kann, die noch als extrem rar gelten. Das österreichische Nenzig bietet einen Hunde-Wanderpass mit vierundzwanzig zu erwerbenden Knochenstempeln und einer Urkunde *Held der Berge*. Ich muss zugeben, dass ich – aus Mangel an anderweitigen Ehrungen – alles andere als unbestechlich bin, wenn es um dergleichen Diplome geht. Deshalb hüte ich die salzversiegelte Urkunde aus dem polnischen Erlebnisbergwerk Wieliczka sowie die seltene Papyrus-Urkunde aus Luxor, auf der kartographisch die Ramses-Runde abgebildet ist, die ich selbst abgeschritten habe, mit schmirgelndem Sand in den Schuhen. Weiter verfüge ich über eine papierne Ehrung für exzellenten Touristenslalom aus dem Allgäuer Zöblen (ich rutschte an sämtlichen Flaggen vorbei, aber es gab Urkunden für alle) und eine authentisch salzwasserbefleckte Wattwander-Urkunde für unerschrockenes Barfußgehen bei Blasmusik.

Ich könnte mein Zimmer mit dergleichen Zeugnissen tapezieren, indes meine Frau erlaubt es nicht. Dabei verdanke ich allein ihr die *Fränkische Ehrenurkunde der vier Weltmeisterbrauereien*, die ich durch schwankendes Absolvieren der Stationen des Brauereien-Weges erwarb, mit je einem Stempel in jeder Brauereigaststätte; die letzte erreichte ich allein durch die tatkräftige Unterstützung meiner nüchternen Gemahlin. Auch die Urkunde für die Weinlagenwanderung an der Bergstraße zwischen Zwingenberg und Heppenheim (sechs Stempel) hätte ich ohne ihre Stütze nicht errungen.

Dagegen habe ich meine einzige Schweizer Urkunde, nämlich diejenige für das Erreichen des höchsten Punktes des Schmalspurnetzes, höchstpersönlich erkämpft; allerdings musste ich dazu auch nur mit der Bahn auf den Gornergrat fahren. Und beinahe ohne jedes Verdienst erlangte ich die Urkunde für den Treppenlauf im Rathaus von Siena, dessen Turm ich so langsam hinaufkroch, dass ich von den hurtigen Treppenstürmern überholt und mitgeschleppt wurde. Oben sollte ich meinen Namen nennen und bekam eine Urkunde. Spätestens da fühlte ich mich auf einer Höhe mit dem Bundespräsidenten, der auf Auslandsreisen ebenfalls ohne jegliches Verdienst seine Ehrendoktor-Urkunden einstreicht. Wenn es Zeit für die Rente ist, werde ich all meine Blätter bei ihm einreichen.

Zu Gast bei Einheimischen

Reiseführer behaupten phrasenhaft, die Menschen im Urlaubsland seien ungewöhnlich gastfreundlich. Leider trifft das auch häufig zu. Wir wollen lediglich die Gegend betrachten, Eis essen und schwimmen. Und dann sitzen wir plötzlich auf dem Sofa eines betagten portugiesischen Ehepaares, das uns klebrige Flüssigkeiten einschenkt und in unentwirrbaren Sätzen die Ahnengalerie erläutert. Wir hatten die beiden nur nach dem Weg gefragt und wollten nicht unhöflich sein, als sie sich einhakten und uns mitzogen. Jetzt fragen wir uns, wann wir wieder wegkommen.

Oder eine reizende Dame in einem Heimatmusem irgendwo in Pennsylvania lädt uns nach Hause ein: Sie backe einen im ganzen County berühmten Cheesecake. Aha. Warum nicht? Man soll sich dem Fremden gegenüber öffnen. Und Cheesecake klingt harmlos. Im strömenden Regen finden wir das Rasengrundstück mit einer aufgebockten Baracke, einem sogenannten Trailer. Die Frau winkt schon. Kurz vor ihrem Türtreppchen schlägt uns Zoogeruch entgegen. Drinnen wuseln zwei Dutzend Katzen über die Möbel. Auch über den Tisch. Der

Cheesecake war nicht nur für uns gedacht. Jetzt möchten wir ihn eigentlich gar nicht mehr. Aber müssen ran.

»Jeder von uns kann seinen Teil zum friedlichen Miteinander der Völker beitragen«, dozierte jüngst mein Zahnarzt. »Auch und gerade auf Reisen.« Ich hatte den Mund weit geöffnet und konnte nicht widersprechen. Er gab Erfahrungen von der Seidenstraße zum Besten. Ja, gewiss, in der Schule ist uns eingetrichtert worden, die Sitten und Gebräuche fremder Völker seien unbedingt kennenlernenswert. Von weitem scheint das auch so. Aber vor Ort sind wir froh, wenn wir verschont bleiben. Zumal wir nur selten die Sprache beherrschen.

Es mag herzwärmend sein, wenn wir ins Haus gebeten werden. Wir fühlen uns geehrt, geliebt und angenommen. Man findet es nicht mal schlimm, dass wir Deutsche sind. Doch gleich hinter der Eingangstür werden wir unsicher. Müssen wir die Füße einer rituellen Reinigung unterziehen? Das Haar bedecken oder die Handflächen nach oben wenden? Reicht als Dank die Freundlichkeit, die wir leider nicht in Worte fassen können? Oder sollen wir ein Geschenk dalassen? Wäre Geld eine Beleidigung oder wird es erwartet? Unser Seidentuch, das sie so begeistert anstaunen und loben, müssen wir es opfern? Und falls ja – wird unsere Mutter verzeihen, dass wir ihre Geburtstagsgabe so fahrlässig vergeudet haben?

Norden, Süden, Ost und West: Auf jeden Fall lächeln wir mal. Wir machen gute Miene zu allem, loben die vollgerümpelte Wohnung, das selbstgebaute Badezimmer, betrachten Enkelfotos, Käfersammlungen, Heiligenbilder, streicheln flöhende Hunde und erlauben dem Wellensittich, unsere Frisur zu zerknabbern. Wir essen, was aufgetischt wird, und lassen es allenfalls heimlich in Servietten und Jackentaschen verschwinden, gießen Getränke verstohlen in Pflanzenkübel, nicken zu allem und begrüßen enthusiastisch jedes Wort, das wir verstehen (»Wetter gut«).

In einem Land des mittleren Ostens geschieht es, dass ein landestypisch unrasierter Herr uns einlädt, die Schuhe auszuziehen und über die Schwelle seines Heimes zu treten. Um ihm nicht das Gefühl zu geben, wir hielten ihn für einen Terroristen, ergeben wir uns. Im Dunkeln lassen wir uns auf einem Teppich nieder. Mit der Zeit erspähen wir eine schwer sortierbare Großfamilie, die uns mit zahnloser Freude anstarrt. Ein dampfendes Getränk wird gereicht, das Tee sein könnte, würde es nicht so sonderbar riechen. Die anderen kosten nicht davon. Haben sie schon? Oder wollen sie nicht?

Welches Land war es doch gleich, wo naiven Fremden Pülverchen ins Glas gemixt werden? Werden wir gegen Mitternacht am Rande einer Fernstraße erwachen und vergeblich nach unseren Wertsachen suchen? Falls wir als Paar auftreten, wird die Ehefrau mitunter separiert und in ein gesondertes Gemach geleitet. Was geschieht da? Wird man mehr tun als ihr in die Wange kneifen und das Haar betasten? Wir lächeln immer noch und nicken und geben uns so ungefährlich wie möglich. Nützt es, wenn wir rasch unsere Solidarität mit der hiesigen Religion beteuern oder mit dem herrschenden Regime? Können wir unseren Gastgebern signalisieren, dass wir absolut ihrer Meinung sind, ganz egal mit welcher, damit sie uns nur gehen lassen?

Vermutlich ist alles ganz harmlos. Aber das wissen wir leider erst hinterher, wenn wir uns erleichtert winkend verabschieden. Nach dem überstandenen Abenteuer ergreift uns ein Hochgefühl vorurteilsfreier Weltoffenheit. Wir haben spontan etwas für den Frieden getan. Unsere Gastgeber winken mit dem Zettel, auf dem wir unsere Adresse hinterlassen haben. Genau genommen handelt es sich nicht um unsere Adresse, sondern um diejenige unseres Zahnarztes. Er freut sich bestimmt über Gegenbesuch.

Müssen wir da auch noch hin?

Sie sind gebildet? Ich auch einigermaßen. Ich habe das Abitur hinter mich gebracht, habe in Hörsälen akademisch geschlafen, ich applaudiere im Theater, werfe bei einer Vernissage auch mal einen Blick auf die Gemälde, ich lausche in gediegenen Konzertsälen und sehe mir an, was man gesehen haben muss. Sie auch? So ähnlich? Dann wissen Sie auch: Von diesen kulturellen Pflichten gibt es keinen Urlaub. Auf Reisen setzt sich das Bildungsprogramm nicht nur fort, es wird sogar intensiviert. All die überflüssigen Sehenswürdigkeiten, die Burgen, Kirchen, Altertümer!

Diese Denkmäler für längst vergessene Eroberer, die Reste von Tempelanlagen und antike Brunnensysteme, die Ruinen, Festungstürme, Pyramiden. Steinerne Grabplatten für vermoderte Äbte, düstere Altäre und all die Schlösser mit ihren endlosen Zimmern voller Plunder, die Museen mit ihren einschläfernden Bildersälen, die dürren Mosaiken und bleichen Fresken, die eingerüsteten Kirchenfassaden, eine wie die andere, aber immer schön hochstarren, und obendrein Komponistenhäuser, Dichterzimmer, Krönungssäle, Ratsherrenstühle, Taufbecken und Grüfte voller steinerner Fürsten, an denen man im Gänsemarsch vorbeigelotst wird.

Wie abgenutzt ist das alles, wie schal, wie quälend! Und doch sehen wir uns alles an. Wir buchen online weit im Voraus oder stehen notfalls morgens an der Kasse für die Führung am Nachmittag, und kaum haben wir dann das erste Zimmer aus Plüschtapeten und Dackelfransen betreten, wünschen wir uns sehnlichst, die Besichtigung möge schnell zu Ende sein. Und schleppen uns hinter dem Guide her und möchten jeden meucheln, der mit streberhaftem Interesse eine Frage stellt.

Geht es Ihnen anders? Wir sind unter uns: Es geht Ihnen genauso. Es kann allenfalls sein, dass Sie es nicht zugeben mögen. Weil Ihnen eingebimst worden ist, dass Kathedralen und Kaiserpfalzen »bedeutend« und »wichtig« und »geschichtsträchtig« seien. Und weil Sie befürchten, dass man Sie nach Ihrer Rückkehr zur Rede stellt: »Wieso, ihr wart in Madrid und seid nicht im Prado gewesen? Hallo?! Das darf doch wohl nicht wahr sein!«

Denn Ihre scheinheiligen Freunde geben immer damit an, dass sie irgendetwas, zum Beispiel eine frühchristliche Basilika, unfassbar schön fanden. Und Ihre geschiedene Bekannte behauptet: »Die Atmosphäre in der Scuola San Rocco fand ich ja einmalig, also, das ist was ganz Besonderes! Kennt ihr die? Die Scuola San Rocco?« Nee, kennen Sie nicht. Wollen Sie auch nicht kennenlernen. Aber jetzt müssen Sie natürlich mit einer ebenbürtigen Lüge kontern. Oder irgendwas über die Überschätzung der Renaissance zum Besten geben. So geht das Spiel. Und weil wir da mitmachen wollen, sehen wir uns den ganzen Krempel an. Deswegen klappern wir ab, was die Tripadvisor oder ernsthaften Führer vorschreiben.

Bei Ihnen ist das ein bisschen anders? Sie haben sogenanntes echtes Interesse? Na, kommen Sie. Wir werden gerade nicht abgehört. Wir können offen reden. Von Siena haben Sie doch nichts in Erinnerung. Allenfalls den Platz, und auch den nur, weil Sie sich nach all dem gotischen Pflastertreten endlich mal hinsetzen konnten. Weil Sie da in Ruhe Eis löffeln durften. Und weil das Rathaus ganz einfach nur dastand, stressfrei und kostenlos. Sie brauchten nicht mal den interessierten Blick aufzusetzen.

Leider haben Sie dann auf Ihren Smartguide geklickt oder den Stadtplan herausgenommen und entsetzt festgestellt, dass da immer noch ein paar Klöster und Kaufmannstreppenhäuser auf Ihr Like oder Häkchen warteten. Und Sie haben Ihre Begleitung angestarrt, und Ihrer beider entsetzte Blicke fragten: »Müssen wir da auch noch hin?« Und dann ist Ihnen etwas eingefallen wie: »Man soll ja auch nicht zu viel machen.« Und Ihrer Begleitung: »Sonst überlagern sich die Eindrücke, das wäre auch schade.«

Ja, genau, das wäre schade, Sie Heuchler. Weil Sie auf der Piazza zwar gerade noch wussten, wer der Dombaumeister von Siena war, aber von Arezzo, wo Sie am Tag davor waren, wussten Sie es schon nicht mehr. Nicht, weil sich die Eindrücke überlagerten. Sondern weil Sie dieser Kram sowieso nie interessiert hat. Weil Ihr Gehirn, genau wie meines, etwas Besseres zu tun hat, als sich die Namen von Kanzelbildhauern und Kreuzigungsschnitzern einzuprägen.

Reden wir nicht darum herum. Sie wollen eigentlich nur in besonnter Landschaft speisen, trinken und relaxen. Natürlich nicht ballermannmäßig, sondern mit Kultur verbrämt. Geht mir auch so! Das einzig Gute an der Alhambra sind die paar Brunnen zum Füßekühlen und der Garten fürs Nickerchen, stimmt's? Und das Beste am Louvre sind die geschlossenen Säle. Und natürlich die Klos in der kaum besuchten Antikenabteilung. Und bei Schlossbesichtigungen interessieren uns allenfalls die Schlafzimmer, weil wir uns vorstellen, wie wir jetzt schlafen, statt uns bildungshuberisch belehren zu lassen. Aber das Schönste ist überall und immer der Ausgang.

Ach ja, und in Kathedralen? Was ist da das Schönste? Na, das wissen Sie besser als ich! Denn Sie waren das doch neulich, in einer der hinteren Reihen, emsig schmausend! Ab und zu haben Sie den Kopf in den Nacken gelegt und Interesse für die Deckengemälde vorgetäuscht. Aber Ihre eigentliche Aufmerksamkeit galt dem Fresspaket, das Sie wie einst in der Schule zwischen den Knien verbargen. Ja, habe ich alles gesehen. Und ich habe mich gefragt, ob Sie sich vorher oder nachher im Weihwasserbecken die Hände abgespült haben.

Schweigen wir davon. Ich war derjenige, der auf einen dieser Münzautomaten zuging, auf eine dieser Lichtmaschinen. Ja, ganz genau, ich war es, der ziemlich lässig eine Münze eingeworfen hat, woraufhin die Scheinwerfer aufstrahlten und eine bis dahin düstere Tizian-Himmelfahrt in gleißendes Licht tauchten. Erinnern Sie sich, wie da auf einmal aus allen dunklen Ecken der Kirche die geizigen Besichtiger herbeiwieselten? Die nur auf jemanden wie mich gewartet hatten?

Sie erinnern sich. Denn Sie selbst haben sich heillos verschluckt, weil Sie diesen Moment auch nicht versäumen wollten. Sie haben erbarmenswürdig gehustet, während ich ganz entspannt weiter geschlendert bin. Ein ranziger Tizian interessiert mich nicht. Mir macht es nur Spaß, für einen Euro die Leute springen zu lassen. Leute, die sich übrigens allesamt nicht für Tizian interessieren. Die aber alle so tun.

Das ist der Unterschied: Ich tue nicht so. Und Sie nächstes Mal auch nicht. Und wenn ich Sie dann wieder ertappe mit Ihren halb geschmolzenen Schokokeksen hinterm Taufkessel, dann reiche ich Ihnen ein Tempotaschentuch, und Sie geben mir als Dank etwas ab, in Ordnung? Gut. Und dann reden wir ein Wort über Kultur und über die ruhmreichen Orte und Highlights, die wir noch nicht gesehen haben. Und, nein, wir müssen da nicht hin.

Regional und analog

Für unsere Freunde scheuen wir keinen Aufwand. Wir begeben uns auf Safari ins Okavango-Delta oder auf Kreuzfahrt zu den Jungferninseln. Wir fliegen nach Curaçao und nach Bora Bora (»Wenn es ein Paradies gibt, dann haben wir es jetzt gesehen!«), verkosten den Sauvignon Blanc auf Neuseelands Südinsel (»Unvergleichlich, uneinholbar, unübertrefflich, aber man muss ihn dort trinken!«) und frühstücken im Cook Island Royal (»Wer das nicht getan hat, hat nicht gelebt!«).

Erbleichen die Freunde bei unseren Schilderungen? Hoffentlich. Ringen sie sich zu kraftloser Mitfreude durch? Dann hat sich der Urlaub gelohnt. So macht Reisen Spaß. Allerdings wird dieser Spaß auf Dauer teuer. Und wenn unsere Zuhörer sich aufraffen und mit Antigua und Mauritius kontern, schwindet allmählich der Sinn. Was dann? Dann ist eine Wende fällig. Eine radikale. Es ist so weit. Adieu, Vatulele, Rarotonga, Palau!

Unsere Freunde bekommen unseren Schwenk nicht mit. Der Schock trifft sie, während sie Pullover für Patagonien einpacken. Eine Postkarte reicht, um den Boden unter ihnen beben zu lassen: »Schöne

Grüße aus dem Odenwald«. Sie trauen ihren Augen nicht. Sie lesen dreimal. Sie vergleichen unsere Unterschrift mit vergangenen Schriftproben. Sie recherchieren auf Google Maps nach. Tatsächlich, ja, kein Zweifel. Wir sind im Odenwald.

Unsere abenteuerlich spießige Potpourrikarte zeigt fünf Ansichten: das Erbacher Schloss, ein schattiges Waldstück, das Rathaus von Michelstadt, einen schrankhohen Wasserfall und ein sturzbiederes Hotel, in dessen obere Fensterreihe wir ein Kreuzchen gemalt haben. Genau, da wohnen wir. Und die Postkarte ist total analog!

Das ist dermaßen krass, dass unseren Freunden die Koffer entgleiten. Zu spät. Sie haben gebucht. Sie müssen jetzt sechzehn Stunden fliegen.

Tja, sorry, Trend verpasst! Denn wenn jemand einen Trend setzt, dann sind wir es – Sie und ich. Unser neuer Trend heißt: Erholung. Ein Wort wie Fernerholung gibt es bekanntlich nicht, aus begreiflichen Gründen. Nur Naherholung kann Erholung sein. Für das Gefühl von Glück und Freiheit reicht es, den Arbeitsplatz zu verlassen, den Schreibtisch, die Nachbarschaft, das Viertel. Das Ziel ist zweitrangig. Es könnte sogar das gegenüberliegende Stadtende sein.

Bereits die Abreise ist erfrischend – zumal sie nicht mit Passverlängerung, Impfpflicht und Vorsichtsmaßnahmen verbunden ist. Für das Siebengebirge benötigen wir keine Auslandskrankenversicherung. Für das Hohenloher Land keine Impfungen gegen Hepatitis und Gelbfieber. Wir brauchen ins Teufelsmoor kein Malariamittel mitzunehmen, müssen im Saaletal das Wasser nicht meiden und haben nirgends Furcht vor Kolibakterien im Salat. Diese Sorgen überlassen wir unseren fernreisenden Freunden.

Während die besorgt die Liste der *Dos and Don'ts* studieren, lehnen wir uns zurück. Ihnen hat man im Reisebüro nahegelegt, im Urlaubsland ungeschältes Obst und Milchprodukte abzulehnen und auch bei größter Hitze keine Eiswürfel ins Getränk zu nehmen, Caipirinha also lieber warm zu trinken. Na, dann Prost. Wir erfrischen uns an heimischem Riesling an der Reußischen Fürstenstraße oder trinken direkt aus dem grünen Rauschen der Partnachklamm.

Wir schicken eine einfältige Trachtenpostkarte aus der Oberpfalz, etwas später den kreuzbraven Fachwerkblick »Schönes Weserbergland« oder die Heimatfilm-Variante »Zauberhafter Hotzenwald«. Falls unsere Freunde eine Nacht lang Richtung Südosten fliegen, um sich besonders exklusiv am Strand zu räkeln, haben wir sie im Abschiedstelefonat pflichtgemäß vor der fadenscheinigen Ozonschicht gewarnt. »Und dann gibt es ja diese kleinen Bilharziose-Würmer!« Sie haben nie davon gehört. »Doch! Die schlängeln sich im Wasser zu den Badenden, bohren sich durch die Haut und pflanzen sich dann im Körper fort. Wir fahren übrigens nach Büsum.«

Da gibt es nur Wattwürmer. Es darf auch die Ostsee sein, wo unsere Pension »Hilde«, »Marianne« oder »Seestern« heißt. Oder die Müritz. Sogar das Steinhuder Meer kommt in Betracht. Während unsere Freunde die Erdbebenfluchtpläne ihres Hotels auswendig lernen, besuchen wir in wohliger Wehmut all die Orte, die wir aus den Erzählungen unserer Großeltern und Patentanten kennen.

Als Wegweiser besitzen wir ein paar ihrer zittrig beschrifteten Farbpostkarten, aus dem Taubertal, von der Mosel und aus St. Märgen. Damals wurden Schwarz-Weiß-Fotos per Schablone koloriert. Auf den alten Farbkarten trägt jedes Dach dasselbe Rot, jeder Baum dasselbe Grün, Himmel und Wasser leuchten im selben fehlfarbenen Blau. Mit etwas Glück ergattern wir in Undeloh noch die quietschviolette Variante: Schafherde im Heidekraut, mit der Aufschrift »Die Lüneburger Heide hat viele Gesichter«.

Unsere Freunde wissen nicht, ob sie über so viel Ereignislosigkeit lachen sollen. »Man will doch im Urlaub auch was erleben!«, behaupten sie. Ach, wirklich? Und was? Erstens wissen wir, dass sie hauptsächlich Anfälle von Hitzekoller und Schlaflosigkeit erlebt haben. Zweitens haben wir eine tiefsinnige Entgegnung parat: »Das größte Erlebnis ist die Stille.« Unsere Freunde ziehen die Stirn kraus. »Hat der Dalai Lama gesagt«, fügen wir lässig hinzu.

Und es ist ja tatsächlich so. Erholung entsteht nicht durch eine rasche Folge von Events oder durch ein kulturelles Besichtigungsprogramm. Dergleichen Highlights haben lediglich einen Wert, weil sie vom Grundrauschen der Unzufriedenheit ablenken. Aber das tun sie nur für einen kurzen Moment. Die Wirkung verpufft gleich nach der Heimkehr, lediglich Bilder bleiben. Langfristig erholsam ist eine Reise allein dann, wenn sie uns – wie der Renaissance-Reisende Montaigne beobachtete – »den Frieden erleben lässt, der ohnehin unsere innerste Natur ist«.

Na, bitte. Solch grundlegenden Frieden erleben wir am einfachsten in den heimatlichen Postkartenlandschaften. Wo sie sind, erfahren wir aus den Fotoalben unserer Ahnen oder aus antiquarischen Reisebüchern und übrigens aus fremdsprachigen Führern. Hochinteressant, was der französische *Guide Voir Allemagne* empfiehlt oder was Earl Steinbickers *60 Daytrips Germany* anpreist. Bei der Lektüre fällt auf, dass uns bei aller Fernreiserei das eigene Land unbekannt geblieben ist.

Unsere Freunde mussten derweil in Taipeh auf dem Flughafen übernachten? Wurden in Phuket von Diarrhöe gebeutelt? In Teotihuacán beklaut? Befinden sie sich bis auf weiteres in Quarantäne im Tropeninstitut? Na, dann bekommen sie eine tröstliche Postkarte von uns: »So erholt man sich im Sauerland.«

Ruhe mit Meerblick

Je anspruchsvoller eine Reise sich gibt, desto morbider wird sie. Steinkreise und Katakomben, Menhire, Dolmen, Megalithe, monumentale Pyramiden und bescheidene Stelen – man soll sich immer wieder Gräber ansehen. Wir haben ehrfürchtig den Père Lachaise abgeschritten und den Arlington Cemetary. Uns war angemessen gruselig zumute auf der Toteninsel von San Michele und auf dem Greyfriars Kirkyard in Edinburgh. Wir haben das Tadsch Mahal bestaunt, die Reste der Mausoleen in Halikarnassos und in Samarkand und natürlich Kapuzinergrüfte, Ming-Gräber und den Ölberg.

Uns ist eingeredet worden, der Umgang mit den Toten eines Volkes verrate viel über seinen Umgang mit Lebenden. Auf Friedhöfen sei die Essenz von Kultur und Geschichte zu erfahren. Ich kann das nicht bestätigen. Lediglich auf einem Prager Gottesacker hinter den Festungsresten des Vyserad gelang mir vor Jahren eine auch wissenschaftlich bedeutsame Entdeckung: Etwa hundert Jahre lang muss der tschechische Frauenname Rodina vorherrschend gewesen sein. Fast auf jedem zweiten alten

Grabstein tauchte er auf: Rodina Bartu, Rodina Novotny, Rodina Kovar und so fort.

Was mag das für eine Epoche gewesen sein, fragte ich mich, in der fast alle Frauen denselben Vornamen hatten? Offenbar doch eine demokratische, egalitäre, solidarische Epoche! Der gemeinsame Vorname muss Bindung und Mitgefühl gestärkt haben. Was für ein ungewöhnlicher, heute wohl nicht mehr durchsetzbarer, aber doch bewundernswerter Brauch!

Und nach wem waren all diese Frauen benannt? »Die ursprüngliche Rodina war wohl eine Nationalheilige?«, erkundigte ich mich bei tschechischen Freunden. »Vielleicht eine Märtyrerin?«

»Rodina heißt Familie«, bekam ich zur Antwort. »Du bist an Familiengräbern vorbeigegangen.«

Ach so. Ah ja. Auch schön. Es mangelte mir zu dem Zeitpunkt noch ein wenig an Training. Ich nehme mal an, es geht Ihnen ähnlich. Zu Hause kommt man selten auf die Idee, einen Nachmittag lang Gräber abzuschreiten und Namen und Daten zu studieren. Im Urlaub jedoch, ausgerechnet in der bunten Fülle des Lebens, entwickeln Friedhöfe eine zauberische Anziehungskraft. Wenn ich nicht irre, habe ich Sie ebenfalls schon an solch stillem Ort gesehen. Unter rauschenden Bäumen gingen Sie ziemlich trauerfrei spazieren. Nur wenn Ihnen jemand begegnete, legten Sie sich einen umflorten Blick zu, als Nachweis Ihrer Eintrittsberechtigung.

Ich verstehe das. Selbst in einem harmlosen Gebirgsort oder in der Sommerfrische einer Insel fühlen wir uns irgendwann genötigt, das abgelegene quietschende Gittertor zu öffnen und in erhabenes Schreiten zu verfallen. Meist findet das gegen Ende der Reise statt, wenn alles andere schon mehrmals besichtigt ist. Oder zwischendurch, wenn wir dem lärmenden Trubel entrinnen wollen.

Hier knirscht nur noch der Kies, ein leichter Wind bewegt die Zypressen, ein schwarzer Vogel hüpft über den Weg. Das ist alles. Mehr Bewegung und Geräusch ist nicht. Weil dieser Friedhof weit entfernt liegt von unserem Heimatort, fühlen wir uns gänzlich unbedroht. Kein Name ähnelt dem unsrigen. Im Gegenteil, viele Namen sind verschroben und ulkig. Wir unterstellen den Leuten Humor. Vermutlich haben sie ein entspanntes Leben gehabt, an so einem Urlaubsort. Jetzt genießen sie die Ruhe.

Die Ehen, die hier begraben liegen, erscheinen uns harmonisch. Wenn die Frau den Mann überlebt hat, wird sie treu seinen Schreibtisch und die Fotos staubfrei gehalten haben. Etwas anderes können wir uns nicht vorstellen. Es sind ideale Bilder, die aufsteigen in dieser Ruhe. Alte Zeiten sind hier bewahrt, und die alten Zeiten hatten ein gemächlicheres Tempo. Schon wandeln wir langsamer. Dass all diese Leute vor uns gestorben sind, macht sie sympathisch. Wir grüßen sie großmütig.

Falls wir im Süden sind, wandeln wir durch schimmernde viergeschossige Nekropolen. Die Verblichenen stecken in Schubladen wie in der forensischen Medizin, nur nicht tiefgekühlt, sondern in Kalkstein, Basalt oder Marmor. Vorn hängt ein Foto.

»Das ist so ansprechend, das müsste man bei uns auch machen«, finden wir.

Zwischen Tomben mit pompösen Engeln in dreifacher Lebensgröße begegnet uns ein schwarz gebeugtes Mütterlein mit schlappenden Schuhen. Wir nicken ihr gönnerhaft zu. Wohin geht sie wohl? Ah, nach dahinten. Da werden wir gleich mal nachsehen, wann ihr Gemahl dahingeschieden ist. Wir hören den Wasserstrahl in eine Gießkanne brausen. Sonderbar, die Blume, die wir später am Epitaph sehen, in einer angeklebten Vase, ist aus Plastik. Das Foto hat Wasserränder, aber der Mann sieht nett aus.

Ein glückliches Paar. Der Platz ist überhaupt ein Traum. Vermutlich liegt er am Hang, womöglich mit Blick aufs Meer, das mitfühlend herüberblinkt. »Also, hier könnte ich mir vorstellen, auch mal zu liegen«, versichern wir uns gegenseitig. Es ist ja noch Zeit, sehr viel Zeit.

Und bis dahin ist eines sicher. Wenn es schwierig ist, Ruhe und Erholung zu finden, und im Urlaub ist es oft unmöglich, dann gibt es immer dieses paradiesische Fleckchen, dann gibt es ausreichend Ruhestätten. Wenn wir nirgends Frieden finden, dann auf dem Friedhof.

Probleme mit Elchen

Viele Reiseziele sind nicht mehr das, was sie waren, als wir sie noch nicht kannten. Selbst Schweden hat sich entfernt von dem, was Astrid Lindgren liebte und beschrieb. Im Inneren jedoch gibt es noch unschuldige Provinzen. Etwa im Westen das Värmland. Dort gibt es noch glasklare Seen und unermessliche Wälder, reine Luft und makellose Stille, hölzerne Häuschen, die sich im Wasser spiegeln, kleine bunte Städte mit lauter freien Parkplätzen. Es gibt keine Industrie, wenig Verkehr und auch nicht sonderlich viele Menschen. Aber viele, viele Elche. Das wird jedenfalls behauptet, und bis jüngst habe ich es auch geglaubt.

Jawohl, im Värmland lebten erheblich mehr Elche als Menschen, erklärte mir ein schwedischer Touristikexperte. Die Menschen im Värmland seien sehr humorvoll, die Elche jedoch nicht. Mit warnendem Unterton setzte er mich davon in Kenntnis, wie ich mich zu verhalten hätte, falls ich auf freier Wildbahn einem Elch begegnete: ruhig, sehr ruhig. Vor allem eine Elchmutter, die ihre Jungen beschützt, könne beim Anblick eines Urlaubers ziemlich böse werden. Es habe schon Fälle gegeben, da hätten Elche die Autos neugieriger Touristen mit dem Geweih so misshandelt, dass nicht mal mehr das Fabrikat zu erkennen war.

Ich hatte ein entlegenes Hotel in Edaskog gebucht. Von Karlstad fährt ein Bus der Älg-Linie (Älg heißt Elch) bis zum Ufer eines großen Sees. Dort holte mich der Hotelwirt mit einem Boot ab. Es tuckerte gemütlich übers Wasser und dann einen schmalen Fluss hinauf. Der Wirt zeigte auf platt getretene Stellen am Ufer: »Da kommen jeden Abend die Elche und trinken!« Je näher wir dem Hotel kamen, desto abgetretener wirkte das Ufer. Ich staunte. »Hier müssen ja ganze Herden kommen!«

Er winkte gelassen ab: »Es sind so viele, dass sie schon zur Plage werden! Sie in Deutschland, Sie halten Elche für etwas Besonderes, das hängt mit dem Autotest damals zusammen oder auch mit dem Möbelhaus. Aber wir hier im Värmland, wir sind froh, wenn mal ein Tag ohne Elch vergeht.«

Über dem Hoteleingang prangte ein Elchgeweih. Ein Elch lächelte vom hauseigenen Prospekt. Als Andenken aus Holz und aus Gießharz stand er in der Vitrine. Als Anstecknadel war er in Gold, Silber und Bronze zu haben. Es gab keine Postkarte, auf der nicht ein Elch freundlichst die Zähne bleckte.

Das Eda Brunn Hotel lag auf einer Anhöhe, zur einen Seite mit Blick auf einen See, zur anderen auf Wiese und Wald. Ich spähte in die Dämmerung. Zu Hause überm Sofa haben wir ein ererbtes Gemälde hängen. Es zeigt einen Hirsch, der majestätisch in den Abend röhrt. Man sieht seinen Atemhauch. Besuchern müssen wir immer erklären, dass wir das witzig finden. Hier also würde ich diese von den Großeltern überkommene Szene in Wirklichkeit sehen, ins Schwedische übersetzt, mit einem königlich lizensierten Elch.

Am ersten Abend wurde noch nichts daraus. Stattdessen bat der Wirt zu einem Willkommensimbiss. Es gab Elchschinken. Ich schmeckte keinen bedeutenden Unterschied zu gewöhnlichem Schinken. Aber es war doch etwas Besonderes.

Am anderen Tag spazierte ich zum See hinunter. Der Wirt warnte: »Falls Sie Boot fahren wollen – jetzt um die Mittagszeit kann nichts passieren. Aber wenn Sie abends immer noch draußen sind, bitte Vorsicht, Vorsicht, Vorsicht! Die Elche staksen manchmal tief ins Wasser und tauchen dann plötzlich prustend vor Ihnen auf! Dass Sie dann nicht vor Schreck über Bord kippen!«

Ich ließ das Boot bis zur Dämmerung übers Wasser treiben. Einmal meinte ich ein verdächtiges Rascheln am Ufer zu hören. Etwas später erschrak ich, als ein Fisch aus dem Wasser schoss; aber er tauchte gleich wieder ein. Na gut, dachte ich, die Elche können nicht immer im selben See baden. Heute waren sie mal woanders schwimmen gegangen. Im Hotel gab es Elchpastete.

Am folgenden Tag eröffnete mir der Wirt: »Ihre Landsleute sind leider abgereist. Sie waren mit dem Auto hier und wollten eigentlich noch eine Woche bleiben.«

»Sind aber abgereist?«

»Jaha! Sie hätten deren Auto heute Morgen sehen sollen! Gestern Abend wollten die beiden die Straße nach Arvika fahren, und da, plötzlich, stand ein Elch im Weg. Natürlich hielten sie an. Als er nicht weichen wollte und sie anstarrte, versuchten sie es mit der Lichthupe. Dann ließen sie den Motor aufheulen. Sie hupten auch. Er wollte nicht weichen. Im Gegenteil. Er trabte auf das Auto zu!«

»Oh, das klingt unheimlich.«

»Und als die beiden zurücksetzen wollten, stand hinterm Auto ebenfalls ein Elch. Sie waren umgezingelt!«

»Womöglich Elchkühe, die ihre Jungen schützen wollten«, warf ich fachmännisch ein.

»Wahrscheinlich«, nickte der Wirt. »Denn die waren extrem aggressiv. Sie stießen mit dem Geweih gegen das Auto, immer wieder, immer aufs neue, keilten aus, kickten mit den Hufen, und als sie endlich abließen, war der Wagen demoliert. Man konnte kaum noch das Fabrikat erkennen.«

Das kam mir bekannt vor. »Kann es sein, dass ich diese Geschichte schon mal gehört habe?«

»Bestimmt eine ähnliche«, sagte der Wirt. »Es kommt immer wieder vor.«

Weil es kein WLAN gab, kaufte ich Postkarten mit Elchen und schrieb mit der Hand nach Hause, was hier alles zu erleben war. Abends gab es drei verschiedene Sorten Elchwurst.

Am folgenden Morgen sagte der Wirt: »Das war ja was heute Nacht, wie?! Wahrscheinlich haben Sie bei dem Lärm überhaupt kein Auge zugetan! Das tut mir natürlich leid. Entschuldigung.«

»Was denn? Streit unter den Gästen?«

Er lachte laut auf. »Na, Sie sind ja einer! Eine ganze Elchherde ist hier durchgezogen, direkt am Hotel vorbei! Mensch, und Sie schlafen?!«

Ich biss mir auf die Lippe. Tatsächlich habe ich einen viel beneideten festen Schlaf. Diesmal war mir das zum Nachteil geraten.

Zum Dinner wurden Elchmedaillons gereicht.

Ich habe an den anderen Abenden noch weitere Köstlichkeiten der värmländischen Küche probiert. Elchconsommé, Elchsteak, Elch gehackt, Filetspitzen vom Elch, Elchburger und einen handfesten Elchsauerbraten. Es hätte ebensogut Hasenbraten sein können, sogar falscher Hase.

An keinem Tag aber und in keiner Dämmerung habe ich einen kompletten, lebenden, unverarbeiteten Elch zu Gesicht bekommen. Stattdessen berichtete mir der Wirt beharrlich, wer wo am vergangenen Tag Elche gesehen hatte, wer von Elchen in die Zange genommen, in Schach gehalten oder angeröhrt worden war.

Als der Mann mir wenige Tage vor meiner Abreise Elchklößchen servierte, verspürte ich einen Anflug von Unbeherrschtheit. »Darf ich offen sein?«

Er wusste sofort Bescheid und hob beschwichtigend die Hände. »Gut, gut, nicht aufregen. Ich habe bereits mit dem hiesigen Jäger gesprochen. Sie dürfen morgen Nacht mit ihm auf die Pirsch gehen.«

Aufgeregt und glücklich saß ich auf dem Hochsitz. Der Jäger, ein stämmiger Mann mit rasiertem Schädel und rotem Gesicht, spähte durch sein lichtverstärkendes Nachtfernglas.

Plötzlich durchfuhr ihn ein Ruck. »Da!« Er reichte mir das Glas. Ich brauchte eine Weile, bis ich die bezeichnete Stelle im Sucher hatte. Ein paar Hasen hoppelten durchs Gras. Ich lächelte höflich und gab den Feldstecher zurück. Wenig später bekam ich ihn wieder mit bedeutungsvoller Geste. Ich spähte hinein. Rehe. Im Laufe der Nacht sahen wir noch Damwild, einen Fuchs, auch etwas Plumpes, das ein Wildschwein gewesen sein könnte, und allerlei geflügelte und ungeflügelte Klein- und Kriechtiere.

»Wir haben riesiges Glück gehabt!«, sagte der Jäger, als wir am Morgen die Heimkehr antraten.

»Wieso?«, fragte ich verärgert.

»Weil wir so viele verschiedene Tiere gesehen haben! Wenn ein Elch gekommen wäre, hätten wir nur ihn gesehen. Dann hätten die anderen Tiere sich nicht herausgetraut. Aber so – diese Vielfalt! Herrlich!«

Ich wagte nicht zu widersprechen.

Und schließlich habe ich mich sehr gut erholt im Värmland. Es war still und voller Natur. Ich meine auch bemerkt zu haben, warum die Menschen dort als besonders humorvoll gelten.

Bevor ich von Karlstad aus zurückfliegen konnte, hatte ich noch ein paar Stunden Aufenthalt. Am Informationsschalter erkundigte ich mich nach städtischen Sehenswürdigkeiten. Man empfahl den Zoo. Gute Idee! Wenn es mir schon nicht vergönnt war, einen Elch in freier Wildbahn zu erleben, würde ich ihn durchs Gitter fotografieren und als »überraschende Begegnung« heimwärts posten! Eilig spazierte ich an Königstigern vorbei, an Lamas, Schimpansen, Kängurus, ich passierte Eisbären, Braunbären, rosa Flamingos, zwei Giraffen und ein kleines Warzenschwein. Das einzige Tier, das im Zoologischen Garten nicht zu sehen war, war der Elch.

Im Flughafen-Restaurant gab es keine Speisekarte. »Traditionellerweise servieren wir Elchbraten«, erklärte der Kellner. Ich bestellte. Etwas anderes wäre inzwischen wohl auch zu fremd gewesen für meinen Magen.

Ich beäugte das Fleisch. Ich probierte. Es schmeckte anders als alles, was ich in den vergangenen Tagen als Elchfleisch serviert bekommen hatte. Der Kellner beobachtete mich freundlich.

»Was ist das?«, fragte ich.

»Elchfleisch.«

»Nein. Das glaube ich nicht.«

Er ging den Geschäftsführer holen. Ich lehnte mich zurück. Ich fühlte mich stark und kraftvoll.

Der Geschäftsführer war überaus höflich. »Mein Herr, ich verbürge mich dafür, dass dies reines Elchfleisch ist. Und es ist selbstverständlich frisch. Frischer geht es gar nicht. Sehen Sie sich um! Sie sind am Flughafen! Frischer können Sie es nun wirklich nicht bekommen.«

Ich stutzte. »Wieso? Weshalb ist das Elchfleisch am Flughafen am frischesten?«

»Na, das – das ist doch klar«, stotterte er. In diesem Augenblick muss ihm bewusst geworden sein, dass er dabei war, ein ungeheuerliches Geheimnis zu verraten.

»Es ist importiert!«, rief ich.

Der Kellner erbleichte. Der Geschäftsführer murmelte in seinen Kragen und wandte sich verstummend ab. Ich vernahm noch so etwas wie: »Kanada.«

Tja. Komischerweise hatte ich vor, demnächst nach Kanada zu fliegen. Irgendwie scheue ich mich jetzt, die Fahrt anzutreten. Ich habe das Gefühl, es gibt Geheimnisse auf dieser Welt, an die soll ein Reisender nicht rühren.

Beschämende Gäste

Wir wohnen in einer Stadt, die bei Touristen als attraktiv gilt. Manchmal sind wir darauf stolz. Häufiger fühlen wir uns genötigt, den Charme als Propagandalüge zu entlarven. Die Ufer und die anderthalb hübschen Viertel seien total überlaufen, erzählen wir dann, und obendrein sei gerade eine der typischen Regenfronten vorhergesagt, leider.

Meine Frau und ich müssen immer wieder abschrecken. Nein, nein, wir wohnen ganz und gar nicht, wo andere Urlaub machen! Andere glauben das starrsinnig. Vor allem studierende Nichten und mittellose Neffen und angebliche Patenkinder, die allesamt mit geflickten Bussen oder Bla-Bla-Cars unterwegs sind. Sie erwarten, dass wir ihnen eine doppelplusgute Unterkunft bieten nebst komfortabler Verpflegung und freiem WLAN.

Wir haben nur selten die Kraft abzulehnen. Wir seufzen nur und behaupten, dass wir uns freuen. Die Verwegeneren kommen dann auf eigene Faust und wollen Abenteuer erleben, gern nachts, so dass wir bei ihrer polternden Heimkehr aufschrecken; morgens bekommen wir sie nicht zu Gesicht. Andere wirken wie von ihren Eltern zu uns abgeschoben;

sie sitzen mit dem Smartphone auf dem Sofa, kommunizieren in die Ferne und spielen und nehmen es hin, dass wir unterdessen ein Programm für sie entwerfen.

Was sind das für junge Leute? Waren wir selbst nicht ganz anders in dem Alter? Für meine Frau kann ich nicht sprechen, aber mein bester Kumpel und ich machten uns einst mit viel mehr Schwung und Wissbegier auf zu unserer ersten eigenständigen Reise. Später erst erfuhr ich von meinen Eltern, sie seien froh gewesen, als ich endlich mal ohne sie reisen wollte. Die Eltern meines Schulfreundes sollen ebenfalls sehr erleichtert gewirkt haben. Also nur um uns loszusein hatten sie uns mit Reisegeld ausgestattet!

Immerhin mit so viel Vermögen, dass für jeden von uns eine Stereoanlage drin war, vorausgesetzt, die Reise würde nichts kosten. Oder fast nichts. Wir lebten in Hamburg, also nahmen wir einen Flug nach London. Der war preisgünstig. Und möglichst noch günstiger sollte es weitergehen. Meine Cousine hatte nach England geheiratet, in die Nähe von Oxford. Sie wollten wir besuchen. Damit wäre eine Basisstation gesichert. Von dort aus würden wir uns zu kleinen Unternehmungen aufraffen.

Am Ankunftstag durchstreiften wir London mit Fish-and-Chips-Tüten, bis der letzte Bus nach Oxford fuhr. Die Cousine sah aus, als hätte sie am vereinbarten Treffpunkt schon eine Weile gewartet. Sie verfügte nicht mehr über die Kraft, Willkommensfreude vorzutäuschen. Ihr Mann, von landesüblicher Höflichkeit, dankte herzlich für unser Mitbringsel: eine Schneekugel mit der Silhouette unserer Heimstadt. Damit hatten wir den Preis für einen längeren Aufenthalt entrichtet.

Das viktorianische Haus gefiel uns. Wir durften das Zimmer der abwesenden Kinder belegen, die ins Ferienlager verbannt waren. Womöglich hatten die Eltern sich eine ruhige Zeit erhofft? Na schön, dann schliefen wir lange und frühstückten erst, nachdem sie aus dem Haus waren. Ohne sie zu stören, erforschten wir Kühlschrank, Vorratskammern und Getränkekeller. Wir entliehen ihre Fahrräder und brachten sie kaum beschädigt zurück: »Die Gangschaltung müsste mal nachgesehen werden.«

Na, bitte – so einfach war selbstständiger Urlaub! Als junge Frühpensionäre räkelten wir uns in den Liegestühlen auf der Terrasse. Wir benötigten unsere Gastgeber schon gar nicht mehr. Umso mehr verblüffte es, als die Cousine am fünften Tag forschte, wohin wir noch reisen wollten? Wir hatten nichts Konkretes geplant. »Aber ihr habt doch noch eine Menge vor?« Ja, prinzipiell schon, aber nicht zwangsläufig in diesem Jahr: »Hier gefällt es uns gut, mit Oxford und so.« Wir hatten nicht mal das kulturelle Minimalprogramm hinter uns gebracht.

Es schien jedoch an der Zeit, einen beschwichtigenden Beitrag zum Unterhalt der Familie beizusteuern. Nach langem Suchen im Supermarkt entschieden wir uns für eine Büchse Ölsardinen und eine Tube Tomatenmark. Dieser Eingriff in unsere Reisekasse schmerzte, gefährdete aber die Stereoanlage nicht. Eigentümlich, dass die erwartete Freude über unsere Delikatessen eher gedämpft ausfiel. Stattdessen hatten wir den Eindruck, dass es in der Ehe unserer Gastgeber zu kriseln begann.

Am Morgen des siebenten Tages füllte ein schrecklicher Schatten den Türrahmen unseres Zimmers: die Mutter meiner Cousine, meine leibhaftige Patentante. Sie musste am Vorabend angereist sein, als wir noch bildungshungrig Sitten und Gebräuche in englischen Pubs studierten. Mit herzloser Entschiedenheit legte sie uns den Plan einer Schottland-Reise vor, nebst einer vergilbten Adressenliste, die in Edinburg begann. »Das sind Leute, bei denen ich sehr nett gewohnt habe, ihr könnt sie grüßen.« Als wandernde Englischlehrerin hatte sie vor einem halben Jahrhundert die Highlands erkundet. »Und hier sind zwei Bus-Tickets.«

Im Nachtbus von London nach Edinburg saßen hinter uns zwei Soldaten, die sich Witze erzählten, und vor uns eine junge Mutter, die ihren traumatisierten Säugling nicht bändigen konnte. Aufgrund des Schlafentzugs wie in Trance schlichen wir am Morgen durch eine grämliche Stadt. Das war also Edinburg. In einer rußigen Häuserzeile fanden wir die Hausnummer, unter der meine Tante in der Gründerzeit des Empire bei einem Pfarrer gewohnt hatte. Weil es noch zu früh war, setzten wir uns auf das taufeuchte Mäuerchen des Vorgartens. Der Zeitungsbote kam. »Hier hat noch nie ein Pfarrer gewohnt.« Wir lasen die Zeitung.

Eine Stunde später öffnete sich die Tür. Einem

ranzigen Rentner zeigten wir die Adressenliste. Aus dem Dunkel hinter ihm tauchte seine Frau auf: »Ein Pfarrer wohnt hinten an der Ecke, im Haus mit dem Erker!« Als wir dort klingelten, öffnete sich oben ein Fenster. Ein zerfurchter Mann blickte herab. Man sah ihm an, dass er Bittsteller gewohnt war. Den Pfarrer meiner Tante hatte er ebenfalls nicht mehr kennengelernt. Aber er starrte die graue Straße hinunter, sein Blick schweifte über die gräbergleiche Endlosigkeit der Schlote vor trübem Himmel; er sah unsere übernächtigten Gesichter und seufzte.

Obwohl wir uns damals in maximaler Entfernung zum christlichen Glauben befanden, ergriff uns angesichts des Frühstückstisches die Ahnung von einer gütigen höheren Macht. Vier heitere Kinder tranken Orangensaft, löffelten Porridge mit braunem Zucker und begrüßten uns wie Geburtstagsgäste. Sie rückten Stühle herbei. Die rundliche Mutter freute sich über Besuch aus dem Ausland. Und nachdem wir die Tortur unserer Nachtfahrt geschildert hatten, bat sie zwei der Kinder, vorübergehend zusammenzuziehen; wir sollten uns erst einmal ausschlafen.

Am folgenden Tag fühlten wir uns zu schwach zum Weiterreisen. Es schmeckte uns bei der rosigen Pfarrersfrau. Ihr Mann, der sich ins Elend der Welt gefügt hatte, nickte nur stumm, als wir ihm darlegten, wie reich an Entdeckungen wir Edinburg fanden. An den Abenden besuchten wir seinen ältesten Sohn, der in einer Bar jobbte und uns kostenlos Bier zapfte. Jedes der Kinder jobbte nach der Schule irgendwo und verdiente Geld. Das fanden wir lobenswert.

Als wir nach einigen erfüllten Tagen einräumten, wir seien bereit weiterzureisen, wüssten aber nicht, wo wir übernachten sollten, unsere Adressenliste sei veraltet – da wurde uns nicht nur die kostspielige Möglichkeit des Bed and Breakfast erläutert. Der Sohn rückte obendrein die Adresse eines Freundes in Aberdeen heraus, zweihundert Kilometer nördlich. Von dort in gleicher Entfernung nach Westen lebte, wie der Pfarrer beichtete, seine gutherzige Schwester, in einem allerdings unattraktiven Ort namens Fort William.

Na, wunderbar! Das waren perfekte Tagesreisen! Der Sohn setzte uns an einer günstigen Tankstelle Richtung Norden ab und versprach, uns in Aberdeen anzukündigen. Wir behaupteten, er müsse unbedingt nach Deutschland kommen und uns besuchen. Dann stellten wir uns an den linken Straßenrand, hielten den Daumen nach rechts und legten die Strecke über Perth und Dundee in akzeptabel gefederten Autos zurück.

Gegen Abend in Aberdeen riefen wir den Freund des Pfarrerssohnes an. Was sollte er tun? Er holte uns ab. Seine Mutter, von eigenartiger Kühle, eröffnete uns, mehr als zwei Nächte könne sie uns nicht beherbergen. Einen plausiblen Grund nannte sie nicht. Ihr Sohn lächelte betreten. Im Haus duftete es verführerisch. Für eine kleine Gesellschaft war der Tisch gedeckt. »Vielleicht bleibt etwas übrig«, raunte der Sohn, als er sich zum Dinner begab.

Wir sollten uns unterdessen einrichten in einem gefliesten Abstellraum, in dem Wäsche auf einem Ständer trocknete. Zwei Luftmatratzen standen zur Verfügung, von der Sorte, die alle zwei Stunden neu aufgepumpt werden muss. Wir schliefen beinahe schon, als die Reste hereingereicht wurden: Brocken von einem salzigen Pie mit schlammiger Füllung. Wir quetschten ihn in den Ausguss.

Diese Schotten! Lediglich um die Hausfrau zu bestrafen, blieben wir noch die zweite Nacht. Aberdeen bot nichts außer einer tranigen Nordseebrise und Fish and Chips. Wozu waren wir hier? Ach ja, es war unsere erste eigenständige Reise. Und nun mussten wir nach Fort William, zur Schwester des Pfarrers. Der Truckfahrer, der uns bis Inverness mitnahm, setzte uns dort am Hafen ab, mit der Bemerkung: »Ich will rasch was essen und eine Lady besuchen; in zwei Stunden fahre ich von hier nach Ullapool. Falls ihr mitwollt.«

Ullapool! Das war nun allerdings ein magischer Name. Der Mann meiner Cousine hatte uns die Anschrift eines Freundes auf der Isle of Lewis genannt, fünfzig Meilen vor Ullapool, von dort mit der Fähre erreichbar. Die Isle gehörte zu den Äußeren Hebriden. Dem Klang dieses Namens konnten wir unmöglich widerstehen. Wir hakten Inverness in zwei Stunden ab, aßen Fish and Chips und stiegen abermals ins Cockpit.

Der von der Lady erschöpfte Mann chauffierte uns unter dunkelndem Himmel durch eine immer kargere Landschaft. Als er uns nach drei Stunden an den Kaimauern einer schwermütigen Kleinstadt ablud, regnete es. Der kleine Fährterminal war geschlossen. Dem Aushang konnten wir entnehmen, dass wir genau eine Viertelstunde zu spät gekommen waren. Fünfzehn Minuten! Dann war also das dort draußen, jener fortgleitende Schatten mit schwankenden Positionslichtern, unsere Fähre! Und die nächste fuhr in zwei Tagen!

Verzweifelt fragten wir einen Fischer, der zur Nacht ablegen wollte, ob er uns übersetzen könne. »Leute wie ihr«, brummte er, »sollten den Bus nehmen.« Er wies auf den Hafenplatz; wir sahen Bremslichter, eine Liniennummer, einen Blinker, wir schrieen, liefen, erreichten die zischende Tür. Durch die beschlagenen Scheiben sahen wir das trübsinnige Ullapool versinken, während wir auf der einzigen Straße zurückrollten, in die einzig verfügbare Richtung, nach Inverness.

Dort, gegen Mitternacht, blieb nichts anderes mehr übrig als ein Hotel zu nehmen. Die Duschen waren gut, die Betten auch, die Stereoanlage würde nun ein paar Watt weniger haben. Es regnete auch am folgenden Tag. Der Vertreter für Krawatten, der uns Richtung Fort William mitnahm, hatte die Strecke so oft zurückgelegt, dass er nirgends anhielt. Wir rauschten an lang gestreckten Seen vorbei; einer davon hieß Loch Ness. Das Ungeheuer! Dem Vertreter war es gleichgültig. Wir machten ein Foto durchs verregnete Autofenster.

Die Schwester des Edinburger Pfarrers war eine liebenswerte Dame, die nur einen Nachteil hatte: Sie begeisterte sich für Jesus. Vor jedem Essen, sogar vor dem High Tea, wurde gebetet. Danach auch. An den Abenden kamen Nachbarinnen zur Bibellesung mit anschließender Aussprache. Für Gäste bestand Anwesenheitspflicht. Das war hart. Doch ihr Haus am Rand von Fort William verfügte über ein ausgebautes Dachgeschoss. Und wir hatten längst genug gesehen von Schottland: elende Straßen, windige Grasflächen, karstige Berge, trostloses Meer, darüber Regenwolken. Das reichte.

Wir blieben im Haus, genossen freie Kost und Logis, sahen fern und stimmten murmelnd in den Lobpreis Gottes ein. Trödelig geworden, verpassten wir am Morgen unserer Abreise den Bus nach Glasgow. Was nun? Er fuhr nur einmal am Tag. Telefonisch baten wir die fromme Frau um Rat. Sie arbeitete im Büro der hässlichen Papierfabrik. Ohne zu zögern, nahm sie sich den Tag frei. Ich erinnere mich an eine dreistündige Fahrt auf engen Straßen, an eine Fähre, an Mautstationen, an enge Serpentinen über kahle Berge.

Unsere Gastgeberin sang die ganze Zeit frohgemut vor sich hin, lauter unbekannte christliche Lieder, die wir aus Pflichtgefühl mitbrummelten. In Glasgow überreichte sie uns – »ihr habt doch nichts« – das Geld für den Nachtbus nach London. Wir hielten uns für Günstlinge des Schicksals. Auf dem Flug nach Hamburg gratulierten wir uns zu einer minimalen Belastung des Reisebudgets.

Ich kann mich allerdings auch daran erinnern, dass sich eine Art Kater einnistete, als wir unsere

Stereoanlagen in Betrieb nahmen. Die schmucken Verstärker und leistungsstarken Lautsprecher erinnerten uns beharrlich an die Leute, denen wir sie abgerungen hatten.

Werden unsere jungen Gäste auch mal ähnlich dankbar sein? Nachdem sie unseren Strom verbraucht, unseren Kühlschrank geleert, unsere Ming-Vase umgestürzt und Viren in unser Netzwerk geschleust haben? Wahrscheinlich nicht. Wir müssen wohl mit dem vorliebnehmen, was sie uns mitgebracht haben – eine Schneekugel mit der Silhouette ihrer Heimatstadt –, und mit dem kargen Ersatz, den sie für die Plünderung unserer Vorräte entrichtet haben: eine Tube vegane Remoulade, »Gourmet-Rezeptur«. Beschämend, was es für Gäste gibt.

Überleben im Intensivurlaub

Der erste Eindruck ist gar nicht so schlimm. Das Grundstück scheint weniger weit von der Zivilisation entfernt zu sein als befürchtet. Ein paar hundert Meter entfernt kläfft ein Hund. Durch die Bäume schimmert die Fassade eines bürgerlichen Hauses. Das könnte die Rettung bedeuten! Bei dessen Besitzern werde ich um Hilfe flehen können. Wenn ich in einer Gewitternacht vor ihrer Tür zusammenbreche, geschunden, zerrissen, verletzt. »Was ist denn?«, ruft dann von oben eine furchtsame Frauenstimme. »Nichts«, knurrt der Mann, der die Tür geöffnet hat. »Nur wieder einer von diesen Survival-Idioten.«

So weit muss es natürlich nicht kommen. Aber ich wäre bereit, mich Vollidiot nennen zu lassen, wenn es die Rettung bedeutet. Jedenfalls ist es tröstlich, dass wir nicht wirklich in einem Urwald sind, sondern in Mecklenburg. Und dass wir nur üben. Dass wir, wie es in der Ankündigung heißt, »Notsituationen simulieren«. »Simulieren« klingt beruhigend. Vielleicht wäre überhaupt alles leichter, wenn man wüsste, dass das ganze Leben nur eine Simulation ist.

Nicht so schön ist der Anblick eines langen Seils, das sich abschreckend hoch über eine Lichtung spannt. »Daran werden wir morgen Schluchtklettern üben«, erklärt unsere Animateurin, die Survival-Expertin. Wie denn, was, an dem Seil? Sollen wir darauf robben oder uns dran entlanghangeln, vierzig Meter weit, in vier Meter Höhe und ohne Netz? »Das klingt ja spannend!« Kommt nicht infrage. Kleinlaut schleppen wir unsere Rucksäcke zum Camp.

Mücken surren. Insektenmittel haben wir im Auto zurücklassen müssen, ebenso wie Seife und Handtuch, wie Uhr und Smartphone, wie Lebensmittel, Getränke und andere unsportliche Accessoires. Doch diese Zehntausend-Quadratmeter-Wildnis, die mit einem breiten Schilfgürtel in einen weiten ungetauften See taucht, ist ein Lieblingsbrutplatz blutsaugerischer, vermutlich asiatisch getigerter Insekten. »Äh – gibt es denn irgendein biologisches Mückenmittel? Also, dass wir uns mit einem Blatt einreiben oder so?« Peinlich, solche wehleidigen Fragen. »Nein«, teilt die Trainerin kühl mit. »Mücken ignorieren wir.« – »Ach so, super!«, sagen wir. »Alles klar.«

Diese sehnige Frau, Anfang vierzig und damit älter als die meisten Teilnehmer, hat in ihrer Jugend mit einem ruhmreichen Abenteurer die abschreckendsten Wildnisse der Erde durchstreift. Jetzt, halbwegs zur Ruhe gekommen, veranstaltet sie Survival-Kurse in diesem gepachteten Waldstück. Mit sechs bis acht Teilnehmern. Mal sind es Manager.

Mal toughe Frauen, die sich selbst oder bedrohte Völker retten wollen. Mal einfach nur Weicheier wie ich, die ihren Urlaub mal anders verbringen wollen, bevor sie nur noch betreute Busreisen schaffen. Für so ein Wochenende muss jeder knapp fünfhundert Euro berappen. Extrem günstig ist das nicht, zumal man alles selbst machen soll: Hängematten zum Übernachten aufspannen, Brennholz sammeln, Feuer in Gang kriegen, Boot aus Pflanzenstängeln flechten, Löwenzahnsalat rupfen, Brennnesselblätter für Tee sammeln, brackiges Seewasser abkochen, morsche Baumwipfel erklettern, Pfeile abschießen, Fische aufs Trockene ziehen.

Wozu eigentlich? Die Survival-Künstlerin ist mit ihrem Kumpel einst über den Atlantik gepaddelt, auf einem Bambusfloß. Okay. Respekt. Aber das werden wir nie tun. Immer noch schlägt sie sich in jedem Jahr durch den Amazonasdschungel, kämpft dort gegen Giftschlangen, Goldsucher, Malaria, um steinzeitlichen Ureinwohnern zu helfen. Klingt nach Medaille der Vereinten Nationen. Doch danach steht uns ebenfalls nicht der Sinn. Also, was wollen wir? Noch mal junge Pioniere oder Pfadfinder spielen? Für den Ernstfall proben, falls religiöse Fanatiker alles stilllegen? Geht es uns um Toughness? Um Rückgewinnung der Männlichkeit? Um Selbstüberwindung?

Um Männlichkeit eher nicht. Die Hälfte der Teilnehmer sind Frauen. Das ist seit einiger Zeit bei allen Survival-Reisen so. Frauen wollen nicht mehr von Männern gerettet werden; sie retten sich lieber selbst. Mir persönlich ist das recht. Aber das mit der Selbstüberwindung, das trifft es, auch bei mir. Der erste Schock kommt schon zum Abendbrot. Als wir die wichtigsten Knoten erlernt und gleich wieder vergessen haben (»Palstek«, »Schotstek«, »Prusik« oder so ähnlich), als unsere Hängematten dank dilettantischer Schlingen und Schlaufen schlaffeindlich schief im Buchenwäldchen schaukeln, als reichlich Brennholz gesammelt, gesägt, gespalten ist und als endlich das Feuer qualmt.

Da schleppt die toughe Lady einen großen Karton herbei. »Hier ist euer Abendbrot.« Und öffnet den Deckel. Sechs entsetzlich lebendige Hühnchen ducken sich und glucksen verschüchtert.

»Nein«, sagt Felicitas sofort, eine Lehrerin aus Bruchsal, die herausfinden will, ob sie so einen Kurs mit ihren Schülern machen kann. »Da esse ich lieber Regenwürmer.« Ja, genau! Regenwürmer, gekocht oder geröstet! Die können nicht viel schlimmer sein als Nordseekrabben. Und gibt es nicht auch schon Burger aus Mehlwürmern? Sogar in ausgewählten Supermärkten? Können wir die stattdessen kriegen? Aus echten Würmern?

Nein. Hier geht es um etwas anderes. Der Dalai Lama hat mal geäußert, man solle nur Nahrung zu sich nehmen, deren Zubereitung man von Anfang bis Ende selbst durchführen könne. Er isst niemals Chicken McNuggets. In diesem Augenblick verstehen wir ihn.

Ein warmes, flatterndes Tier, dessen pochender Puls zu spüren ist, das seinen Peiniger angstvoll und schutzflehend beäugt, dieses Tier zu packen, um ihm den Kopf abzuhacken – nein. Das geht gegen jedes Gefühl. Oder jedenfalls gegen unser Gefühl, jetzt, hier, in dieser biobewussten Gruppe. Fern der Zivilisation, mit letzten Kräften durchs Pampagras humpelnd oder ausgehungert im Schlamm des Dschungels kriechend, käme Tierliebe vielleicht nicht an erster Stelle. Und man hat schon gehört, dass Bauernkinder das Schlachten von Geflügel bereits mit zehn Jahren lernen. Oder lernten, als es noch Bauernkinder gab. Und es machte ja auch mal dieser Rüdiger Nehberg von sich reden, der in höchster Not seinen treuen Hund verzehrte. Aber das wollen wir nicht.

»Also! Ihr seid so weit?« Nein. Sind wir nicht. Im Gegenteil. Doch unsere Lara Croft ist von wetterfester Nüchternheit. »Alle Naturvölker schlachten und essen Tiere«, behauptet sie. Das soll vermutlich unser Gewissen entlasten. Dann geht sie voran, so wird's gemacht: Ein Schlag aufs Hirn, damit das Flattern aufhört. Dann mit dem Beil den Kopf vom Hals trennen. »Es geht schnell und einfach. Wer?« Sie sieht erwartungsfroh in die Runde. Vergeblich. Wir erwidern ihren Blick nicht. Wir sind nämlich kein Naturvolk. Wir wollen allenfalls geröstete Würmer essen. Und noch lieber nur Blätter. Niemand meldet sich. Also wählt sie den Ältesten: »Dietmar?«

Man nennt es Survival. Sie ist die Meisterin. Ich traue mich nicht zu widersprechen. Ich mache es ihr nach, wie man einem Personal Coach eine Übung nachmacht. Und dabei denke ich an die Indianer. Man soll sich beim Essen still bei den Tieren bedanken, hat mir mal eine schamanische Freundin gesagt. Habe ich nie gemacht. Aber nun mache ich es, und nicht erst beim Essen, sondern hier und jetzt schon, beim Schlachten. Katharina, die als Lehrling irgendwas Elektronisches lernt, rafft sich sogar zu einem Lied auf, während sie den Kopf abhackt, ein Danklied der Aborigines. Was wir in Notlagen so alles draufhaben! Max, der Maschinenbauer mit Bundeswehrerfahrung, braucht so was nicht. Zack, Kopf ab.

»Und jetzt den Popo abhacken und die Eingeweide rausholen.« Und dann die Füße ab. Und die Federn ausrupfen. Als die sechs Broiler überm Feuer rösten, starren alle hin, und keiner mag sie essen. Alle nehmen Zuflucht zum Stockbrot. Das sollte eigentlich nur Beilage sein. Aber Mehl und Wasser verknetet, platt gedrückt um eine Stockspitze gewickelt, ins Feuer gehalten, bis es zumindest nach ein bisschen Rauch schmeckt, das ist jetzt die Rettung. Die armen Flattermänner, die soll sich irgendeine Witwe Bolte holen oder der Hund, der ahnungsvoll in der Ferne bellt.

Die abgeschwächte Version mit Fischen am folgenden Tag kann uns kaum noch erschüttern. Regenwürmer ausbuddeln, aber keineswegs verzehren, sondern jedem sich windenden Wurm einen Haken durch den Leib ziehen, vom Maul bis zum Darm, das verrichten wir in dumpfer Hingabe. Die Angel übers Wasser halten, irgendwann einen Fisch an

Land holen, ihm einen Knüppel über den Kopf ziehen, einen sauberen Schnitt durch die Kehle machen, ihn aufsäbeln, ausnehmen, abschuppen: Das erledigen wir demütig und schicksalsergeben. Doch auch an diesem Tag des Fischens ziehen wir zum Essen Schlichteres vor: die Kartoffeln, die unsere Meisterin nebst Speiseöl und Gewürzmischung vorsorglich aus der Zivilisation mitgebracht hat. Danke.

»In der Wildnis habt ihr als Vegetarier keine Chance«, lässt sie uns allerdings wissen. Ja, ja, denken wir, dann gehen wir eben nicht in die Wildnis. Diese drei Tage sollen ja schließlich keine Vorbereitung sein für einen echten Überlebenskampf, sondern nur eine Art Intensivurlaub. Damit wir mal was Achtung Gebietendes zu erzählen haben. Und das mit den Hühnern ist ja wirklich schon was.

Das Nächste auch. Das ist die physische Mutprobe, auf dem Hochseil. Erst mal üben wir auf einem Seil in einem Meter Höhe. Fuß vor Fuß tasten wir uns voran, während wir uns an einem anderen Seil, das vom Baum herabhängt, festhalten dürfen, zwecks Balance. Zur Motivation sollen wir uns bildhaft vorstellen, rät unsere Zählebige, dass unter uns hungrige Krokodile das Maul aufsperren. »Wenn euch diese Vorstellung gelingt, dann kommt ihr rüber!« Nein. Unsere Phantasie reicht nicht. Wir kippen runter. Einer nach dem anderen. Die Krokodile werden pappsatt.

Und dann: übers Seil robben. Dazu muss es unter der Körpermitte durchlaufen, unterm Brustbein und auch dort, wo Männer bis zum zweiten Survival-Tag ein empfindliches Körperteil hatten. Also: bäuchlings einen Fuß übers Seil haken, nun mit den Händen vorwärtsziehen. Und dann bitte in die Hängelage wechseln! Aber gefälligst nicht wie ein Plumpsack durchhängen, sondern mit dem Körper immer schön nah am Seil bleiben, die Füße drüberhaken, vorwärtsziehen. Und immer dran denken, dass unten die sägezahnigen Alligatoren ihre Mägen füllen wollen. Achtung, jetzt aus der Hängelage wieder in die Bauchlage wechseln! Dafür gibt es eine spezielle Technik, die so anstrengend ist, dass ein Sturz in den Rachen eines Krokodiles wie pure Erholung wirkt.

»Gut gemacht!«, lügt die Dschungel-Queen. »Dann machen wir das jetzt in vier Metern Höhe.« Behende klettert sie in den Baum und setzt sich auf die Astgabel, an der die Seilstrecke beginnt. Jeder soll nun rauf zu ihr. Jedem spricht sie noch mal Mut zu. Vielleicht erklärt sie auch etwas. Ich kann mich an ihre Worte nicht erinnern, weil ich in den Abgrund blicke. Und weil Gehirn und Körper mit einer Flutwelle von archaischen Stresshormonen kämpfen. Warum wirkt von oben alles so viel höher als von unten? Das war schon auf dem Sprungturm im Freibad ein Problem. Irgendein Automatismus bringt mich dann aufs Seil, flatternd, bebend. Und dann geht es darum, vorwärtszukommen, Bauchlage, Hängelage, Bauchlage. Ja, es funktioniert. Sieht von unten irre peinlich aus, führt auch zu blauschwarzen Hämatomen, aber die Krokodile gehen diesmal leer aus.

»Willst du noch mal?« Danke, ganz bestimmt. Erst mal Zögern und Abwägen vortäuschen. »Ja, aber eher morgen.« Da bleibt nämlich gar keine Zeit. Wegen der Kanutour.

Die dauert drei Stunden und gibt uns den Rest. Immerhin, sie findet nicht in dem maroden Brennnesselboot statt, das wir zur Einstimmung bauen: reichlich Nesseln und Lupinen sammeln, in einem Oval von der Größe eines Rettungsringes feststampfen, mit Bändern sichern. Dann diesen fetten Pflanzenring auf eine Plane legen, Plane umschlagen, fertig ist das Boot. Die hohlen Nesseln und Lupinen dienen als Auftriebskörper. Alle mal hin und her paddeln mit einer Astgabel und dabei langsam und unaufhaltsam ins Wasser sinken. »Geht super!« Geht null.

Und dann ins Kanu. Die Tour könnte schön sein, aber diese Kämpferin will uns auch hier ums Überleben ringen sehen. Es geht gegen den Wind. Auf dem idyllischen Flüsschen am Anfang ist das nicht zu merken, aber die Überquerung des sich weitenden Sees gegen kräftige Böen ist völlig unentspannend. Zumal ich einen schweren Fehler gemacht habe: Ich habe mich nicht mit drei anderen Schonungsbedürftigen in einen Viererkanadier gesetzt, sondern in den Zweier mit der Trainerin persönlich. Die sitzt jetzt bequem hinten, steuert lässig und teilt mit: »Du musst weiter vorn in die Welle stechen und dann richtig durchziehen! Nein! Ich sage doch: richtig durchziehen!«

So also fahre ich Kanu. Irre drei Stunden lang. »Du musst weiter durchziehen!« Bilder von Galeerensträflingen flackern durch das betäubte Gemüt.

Doch ein antikes Sprichwort sagt: Alles, was einen Anfang hat, hat auch ein Ende. So auch diese Tour. Dieses Wochenende, das mit Urlaub nichts mehr zu tun hat. Das allenfalls als Erfahrung verbucht werden kann, und zwar bitte als einmalige, nie mehr wiederkehrende Erfahrung.

Oder habe ich, haben wir, etwas Sinnvolles gelernt? Feuer machen nicht. Da hat die Gruppe versagt. Aus Flintsteinen Funken schlagen, das mag ja noch klappen. Aber die Funken wollen nicht überspringen auf trockenes Laub oder Zunder. Und ein Hölzchen auf einem Brettchen drehen und damit Funken produzieren, das geht nun ganz und gar nicht. Das reibt nur die Hände wund. Im Dschungel werden wir also Fisch fangen und sushimäßig roh essen müssen. Mit Brennnesselsalat.

Bogenschießen: Na gut, das funktioniert. Aber den Bogen haben wir nicht selbst geschnitzt, den hat unsere Obristin aus einem Sportgeschäft mitgebracht. Und die Zielscheibe eilt nicht wie fliehendes Wild durch den Wald. Ferner habe ich gelernt, dass es lebensverlängernd ist, die Asche seiner Ahnen in warmen Bananenbrei zu rühren; ihre Kraft geht in den Essenden über. Etliche unangetastete Dschungelvölker machen das angeblich, bei einem Festmahl, mit dem Schmuck eines Affenschweifes um den Kopf. Wir haben ebenfalls Bananenbrei gegessen und dabei unserer Großeltern gedacht, wir haben sogar wechselnd einen präparierten Affenschweif getragen, ein Souvenir der Meisterin, die von ihren Indianern den Ehrentitel »Harte Bohne«

verliehen bekommen hat. Hätten wir auch drauf kommen können.

Vor allem aber wissen wir nun, dass ein Anfängerkurs als Intensivurlaub völlig und für immer genügt. Felicitas, die Lehrerin, wird ihren Schülern diese Art Klassenreise ersparen. Selbst wenn die betteln sollten. »Je dringender es einer haben will«, sagt »Harte Bohne«, »desto weniger Ahnung hat er, desto früher steigt er aus.« Gleichwohl bietet sie im Februar die Variante für Fortgeschrittene an, bei Minustemperaturen, mit Übernachtung in einer selbstgeschaufelten Blättergrube. Im Überschwang unserer kleinen Abschlussfeier, stolz, erlöst und erleichtert, habe ich mich, was inzwischen aberwitzig erscheint, für diesen Fortgeschrittenenkurs angemeldet. Die Kursgebühr ist bereits überwiesen. Nun suche ich händeringend jemanden, der an meiner Stelle reist. Ist hier jemand? Hallo? Sie?!

Kurzer Blick aus dem fahrenden Zug

Reisen Sie gelegentlich von Köln nach Düsseldorf? Oder immer mal wieder von Stuttgart nach München? Von Frankfurt nach Leipzig und umgekehrt? Wenn Sie dergleichen häufiger tun, schauen Sie vermutlich nicht mehr oft aus dem Fenster. Mir geht das auch so auf der Strecke von Hamburg nach Berlin. Früher war das mal eine Reise, jetzt ist es zu einer Art Pendeln geworden. Das liegt an der Geschwindigkeit.

Es gibt keinen Vorteil ohne Nachteil. Im Alltag wie auf Reisen. Jede Hoffnung wird durch eine gleich starke Furcht in der Balance gehalten, jede Freude hat ihren Ausgleich in einer perfekt abgewogenen Enttäuschung. Und obgleich wir unser Erleben zu optimieren versuchen, scheint das nur zeitweise und aufs Ganze gesehen überhaupt nicht zu klappen. »Es gibt keinen Vorteil ohne Nachteil«, gab ein gewisser Wilhelm Fuchs vor neunzig Jahren zu Protokoll. Das *Berliner Tageblatt* druckte diesen weisen Seufzer. Der Mann war Lokomotivführer. Auf der Strecke von Hamburg nach Berlin war ihm gerade ein Weltrekord geglückt. Er hatte eine reichseigene Dampflok auf über zweihundert Stundenkilometer getrieben. Dabei hatte er einen Hörsturz erlitten. Das war der Nachteil.

Die Strecke galt damals als Paradestrecke der Bahn. Zur Jahrtausendwende ist sie es wieder geworden, und die längst dampflosen Loks haben die zweihundert Stundenkilometer zur Durchschnittsgeschwindigkeit gemacht. Der Vorteil ist klar: Die Fahrt dauert lediglich neunzig Minuten. Gibt es auch einen Nachteil? Ja, den gibt es. Es ist der Nachteil aller vergleichbaren Strecken. Ich kenne vor allem diese – oder kenne sie eben nicht. Haben Sie kurz Lust, mitzukommen? Steigen Sie bitte mit ein, in Hamburg, dann wird es bald klar.

Der Zug rollt zunächst an Industriekanälen vorbei und durch ein paar lichtere Vorstädte. Dann taucht er bei Aumühle in den Schatten des Sachsenwaldes. Auf diesen größten Wald des deutschen Nordens, auf seinen harzigen Duft, führte der Fürst Bismarck sein langes Leben zurück. Dürfen wir mal schnuppern? Nein, das geht nicht mehr. Die Fenster sind nur mit dem Hammer zu öffnen, und die Klimaanlage verwirbelt gerade Klo- oder Küchendüfte. Bismarck hat damals das Volk eingeladen, sich in der dunkelgrünen Unendlichkeit zu erholen. Das geht jetzt nicht. Der ICE durchquert die siebzig Quadratkilometer in sechs Minuten.

Schwarzenbek. Büchen. Die blinkende Wasserstraße eben war der Stecknitz-Kanal, heute Elbe-Lübeck-Kanal, siebenhundert Jahre alt, Teil der alten Salzstraße. Sie haben ihn nicht bemerkt? Nicht mal das hohle Rollen auf der Brücke gehört? Tja.

Ah, und dies könnte der ehemalige Grenzstreifen gewesen sein. Oder das jetzt? Vorbei. Jetzt sind wir schon, die Gebäuderuinen zeigen es, in Schwanheide. Laubenkolonien, Wiesen, Äcker, Mischwald in einem milde geschwungenen Land. Die Fabrikhallen kündigen Boizenburg an. Die Altstadt liegt auf der Südseite, in Fahrtrichtung rechts. Sie ist noch vom mittelalterlichen Wall umringt, pures Fachwerk mit gotischer Kirche, barockem Rathaus, italienischen Laubengängen.

Können wir kurz anhalten? Der Brückenzauber über die Flüsschen und Kanäle riss Thomas Mann zu der Schwärmerei hin, hier herrsche venezianisches Lebensgefühl. Na, wir sind eh schon durch. Weideflächen, Brachlandschaften, eine von Pappeln gesäumte Straße, auf der niemand unterwegs ist. Angeblich geschieht hier alles hundert Jahre später. Brahlstorf, ein Wehrturm, ein verfallener Herrensitz, dann Melkhof mit weißer Kirche zwischen hohen Kastanien. Die Bahnhofsschilder sind im Vorüberfliegen kaum zu entziffern. In Pritzier kann maximal ein Triebwagen halten. In Waldenitz lehnt eine Frau aus einem Streckengebäude. Ist sie hierher verbannt und dann vergessen worden? Umgestürzte Weiden, spiegelnde Gräben.

Aber jetzt aufgepasst: Hagenow Land! Ein ocker verputztes Bahnhofsschloss auf der Nordseite. »Berlin ruft die Jugend« stand früher dran, noch früher »Wir grüßen den Kaiser«. Denn diese imperiale Station wurde für den Gekrönten aus dem Hause Hohenzollern errichtet. Hier kam er an, wenn in den

Wäldern zur Pirsch geladen war. Und Tschüss. Kiefernwälder, Birken, Heideland, Forstwege neben den Gleisen. Da draußen ist es so still wie in einem alten Bilderbuch. Strohkirchen, ein Bahnwärterhäuschen im Wald; Jasnitz, ein kleiner Bahnsteig unter hohen Bäumen. Und diese Häuser aus rotem Klinker gehören bereits zu Ludwigslust. Die Altstadt liegt südlich der Strecke. Also rechts. Wer im richtigen Augenblick hinsieht, erspäht am Ende einer Sichtachse das Schloss.

Hat nicht geklappt? Bei mir auch nicht. Noch nie. Dann mag uns Grabow trösten, ebenfalls südlich der Strecke. Eine hölzerne Fußgängerbrücke quert das Flüsschen; anmutig sind die alten Häuser am Ufer aufgereiht. WiFi on ICE klappt gerade nicht? Ja, es gibt immer noch viele Löcher auf dieser Strecke. Aber wir wollen ja auch rausschauen! Kiefernwald, Weideland, Klein-Warnow. Warten Sie bis Karstädt – zu erkennen am riesigen alten Silo, obendrauf die Antenne. Jetzt haben Sie super Empfang. Karstädt ist auch so ein Ort zum Verschwinden. Runddörfer in der Umgebung, Radwanderrouten, Gutshäuser, Saalkirchen. Wenn Stillstand altern kann, dann tut er das hier.

Aber nun Wittenberge! Der stolze Bahnhof ist gut hundertfünfzig Jahre alt. So früh dampfte man schon von Hamburg nach Berlin oder stieg hier um, nach Salzwedel und Magdeburg. Der Prachtbau auf der Nordseite war das Reichsbahnausbesserungswerk, ein Monument der Gründerzeit, intakt bis heute, seit sich der erste Kaiser hier den Dampfantrieb ausgiebig erklären ließ und doch nicht verstand. Auf der Südseite kam um 1900 die bedeutendste Nähmaschinenfabrik Europas dazu, von der Firma Singer, mit dem größten freistehenden Uhrturm des Kontinents.

Er steht noch! Wenn Sie in Fahrtrichung bitte rechts schauen: dort, die elfenbeinfarbenen Gebäude in maßvollem Jugendstil. Die Uhr am Turm wurde angehalten, als die letzte sozialistische Nähmaschine der Marke Veritas das Gebäude verließ. Das ist dreißig Jahre her. Damals brauchte der Zug noch vier Stunden von Hamburg nach Berlin, und hier bei Wittenberge lag der langsamste Teil der Strecke. Jetzt nicht mehr. Wir durcheilen die Feuchtwiesen der Prignitz, die Elbtalauen, wir rauschen an einem ländlichen Miniaturbahnhof namens Kuhblank vorbei.

Aber nun, bitte, ein einziges Mal die Fahrt verlangsamen! Wir gelangen in das Santiago de Compostela des Nordens: nach Wilsnack! Nie gehört? Tja, jahrhundertelang war dieses Städtchen der berühmteste Wallfahrtsort Nordeuropas. Ritterfehden hatten im vierzehnten Jahrhundert Kirche und Dorf zerstört. Alles war verbrannt. Eine Kostbarkeit aber nicht. Sie wurde unversehrt aus der Asche geborgen: drei Hostien, rund und heil und blutig rot. Ein Wunder. Darum entspann sich fortan ein Kult, der mit Segen aus Rom die gesamte Prignitz zur heiligen Landschaft erhob.

Zweihundert Jahre lang färbten Pilgerströme die Straßen schwarz. Hunderttausend Gläubige pro Jahr machten den Bau einer monumentalen Kirche nötig – vom Zug aus sieht man ihr imponierendes Dach. Ein Wunderblutschrein entstand, die Adelsfamilien Europas spendeten. Und wie verhielt sich der erste evangelische Pfarrer, den es nach Wilsnack verschlug? Wie ein mittelständischer Teufelsaustreiber. Er entwendete die Reliquien und warf sie ins Feuer. Das entsprach dem Gesetz, unter dem er angetreten war. Er tat lediglich seine Pflicht. Aber, ach – hätte er den Wunderglauben ertragen! Was wäre Wilsnack für eine Stadt, in welcher Blüte stünde das Land! Der ICE hätte einen Sonderbahnhof!

Jetzt rauscht er durch, lässt Altstadt, Therme, Storchendorf liegen. Die Pilger wandern nach Spanien. Hier sind nur die ewigen Kiefernwälder geblieben, die Lichtungen mit den Schatten von Greifvögeln, marode Häuseransammlungen mit ehemaligem Bahnanschluss: Glöwen, Breddin, Stüdenitz, Zernitz. Die Strommasten einer Überlandleitung stelzen durch die Sümpfe, ein einsames Streckenhaus grüßt aus Gemüsebeeten. Dann ein überwucherter Friedhof neben den Gleisen, und dieser rührende alte Schienenbus gehört bereits zum Bahnhof von Neustadt-Dosse.

Seit Preußens glorreicher Zeit werden hier Pferde gezüchtet, bis heute gibt es Hengstparaden und Springturniere und im Nachbardorf den schwarz geschrumpelten Ritter Kahlbutz, eine verglaste Mumie für den Grusel zwischendurch. Windräder, Umspannwerke, Wassertürme. Auf einem Bahnhofsschild steht: Segeletz. Häuser sind nicht zu sehen. Dann wischt das Schild von Friesack vorbei. Dies ist der schnurgerade Streckenabschnitt, auf dem die ruhmreiche 05 002 der Firma Borsig mit Höllenlärm alle Rekorde brach. Der ICE gleitet lautlos vorbei.

Die Gegend, alles sandige Mark Brandenburg, gehörte zum Wanderbezirk Fontanes. Er wohnte als Gast in dem kleinen Schloss mit Treppengiebel, das uns aus Vietznitz grüßt, falls wir aus dem Fenster sehen (rechts). Er notierte die Namen der gotischen Heiligenfiguren in der Backsteinkirche von Selbelang (links); trank Weiße mit Schuss in Paulinenaue und suchte die Spuren der Quitzows und Bredows. Wir preschen durch all diese Orte hindurch. Wir sehen den Wasserturm von Nauen, erkennen aber eher die Schrebergärten mit welken Wohnwagen als die historische Altstadt dahinter.

Auf der Höhe von Brieselang vernehmen wir, dass wir demnächst den Bahnhof von Spandau erreichen werden und dass die Bahn sich bedankt. Wer zum Bahnhof Zoo will, kann bereits hier in einen Regionalzug umsteigen. Alle anderen werden gleich unter Tage den Hauptbahnhof erreichen. Und das war's auch schon. War da was? Nein, da war nichts. Nur ein paar Lücken im WLAN-Empfang. Ach so, ja, und eine ganze Landschaft, ein Reichtum von Stille und Geschichten jenseits der Fenster. Achselzuckend registriert, vorbeigezogen, im Off verschwunden. Tja. Das ist der Nachteil.

Steigen wir um in den Airport-Express?

Lamettafrei

Weihnachten bleibt die Zeit der Hoffnung. Und wir haben die Hoffnung nie aufgegeben. Wir sind nach Phuket geflogen, um den Bio-Nikoläusen, den Solarengeln, den Glitzertrends zu entfliehen. Wir wollten echte Sonne, echte Palmen, südliches Blau. Und dann dudelte der Pianist des Beach Resorts tagelang *Holy Night* und *White Christmas*, die Direktion spannte Lichterketten durch die Halle und servierte zahnziehenden Lebkuchen.

Ein Jahr später, dem Glühwein und dem Retroschmuck scheinbar entkommen, genossen wir ein Hotel im Kolonialstil nicht weit von Mombasa. Machtvoll und ungerührt wogte der Indische Ozean. Der Blick schweifte in die Unendlichkeit. Und dann trat ein Weihnachtsmann auf. Samtig dunkel wie König Balthasar, jedoch unter roter Kapuze mit weißer Bordüre, stimmte er *Jingle Bells* an, verhaspelte sich bald und überreichte Marzipankartoffeln, die vor dem ersten Biss trocken zerbröckelten.

Die Flucht gelingt nicht. Unser Regensburger Cousin Franz, ein hingebungsvoller Weihnachtshasser, hat seine kleine Familie mal extra auf die Osterinsel verfrachtet, nur um dann festzustellen, dass der

Katholizismus dort tiefer verwurzelt ist als in Bayern. Bei dreißig Grad im Schatten garnierten die Hoteliers heimischen Gänsebraten mit importierten Maroni und schickten Domspatzen durch die Lautsprecher. Vom Vogelmann-Kult war nicht mehr die Rede. Lediglich ein paar Moai-Köpfe aus recyclebarem Plastik konnte Franz als Mitbringsel ergattern.

Mein Bruder ist Meeresbiologe. Mit seiner ebenso biologischen Frau hat er sich mal den wissenschaftlichen Scherz gegönnt, das Fest südlich von Java zu verbringen, auf der Weihnachtsinsel, jedoch völlig flackerkerzenfrei. Zur Adventszeit wandern dort einige Millionen rote Krabben aus dem Regenwald an den Strand, um ihre Eier im Meer abzulegen. Die beiden Experten waren respektvoll gerührt, die Wellen leuchteten festtäglich rot.

Wollen wir das? Nein, danke. Es zieht uns auch nicht zu den pilgernden Massen ins Heilige Land. Den weihnachtlichen Stau der Busse rund um die Verkündigungskirche von Nazareth müssen wir bestimmt nicht noch mal erleben. Auch nicht das Schlangestehen vor den Absperrgittern in Bethlehem mit Fernblick auf die erleuchtete Geburtsgrotte.

Wenn schon Nazareth und Bethlehem, dann locken uns mittlerweile eher die ungefährlichen Orte dieses Namens in Pennsylvania. Sie liegen wenige Meilen auseinander, nicht fern von *Emmaus Village* und *Jordan Creek*. Dort treffen wir weder singende Wallfahrer noch Sicherheitsbeamte. Besonders feierlich wird uns auch nicht zumute. Alles wirkt wie eine durch die Bügelmaschine gezogene Vorstadt, bewohnt von chronisch *desperate housewives*.

Lassen wir das beklagenswerte brasilianische *Belem* beiseite und das kampanische Bergdörfchen *Nazario*, überhaupt all die von der Bible Society gepriesenen Orte – es sind rund tausend auf allen Kontinenten –, die nach den Evangelien benannt wurden. Warum in die Ferne pilgern? Wir haben die Weihnachtsgeschichte lückenlos im eigenen Land, schmucklos und unverdudelt, ohne Gedrängel, flitterfrei, traulich und still!

Bitte sehr: Wir beginnen im rheinhessischen *Engelstadt*. Hier wird kein Glühwein kredenzt, denn das Dörfchen ist ein echter Winzerort. Es gibt wirklich wahren Wein. Wer sich in einer der Gutsschenken niederlässt, hört vom dritten Viertel an die ungeschminkten Worte der Engel und erklärt sich nach dem vierten Viertel bereit, sie lauthals zu verkünden. Zum Beispiel – wir folgen der Lukas-Erzählung – den Einwohnern von *Hirten*. Hirten liegt ein gutes Stündchen südöstlich in der Pfalz. Die Hirtener wirken, wie es sich ziemt, armselig und verschlafen. Hier ist Frieden.

Wollen wir noch den dazugehörigen Schlenker nach *Schafstädt* machen? Klar! Schließlich sind wir ernsthafte Pilger! In duldsamer Demut wallfahren wir fünf Stunden in den Saalekreis bei Merseburg, dort liegt Schafstädt mit seinem kleinen Schloss. Ein Foto mit zwei winterwolligen Schafen, ein Stempel in unseren Weihnachtspilgerpass, abgehakt. Jetzt noch der Stern. Wir finden ihn in *Sternhagen* in der

Uckermark, sogar vervielfacht, denn über der alten Dorfkirche funkeln zahllose Sterne; dass man sie sieht, liegt an der nicht vorhandenen Straßenbeleuchtung. Der Himmel über der Kirche, sagt man hier, sei immer sternhagenvoll.

Etwas weniger wonnetrunken wacht der Nachthimmel über dem gut beleuchteten *Sternberg* in Mecklenburg. Wir passieren es winkend auf unserem Weg ins sechzig Kilometer entfernte *Strohkirchen*. Engel, Hirten, Schafe, Stern haben wir, nun also das Stroh. Wie in vielen norddeutschen Pilgerorten wissen die verweltlichten Einwohner nicht einmal, dass sie an einer wichtigen Station der Heilsgeschichte wohnen. Wir tragen es in unseren Pass ein.

Jetzt noch zum *Krippenberg*! Er liegt über dem *Krippental* und dem Örtchen *Krippen* in unmittelbarer Nachbarschaft und als Ausgleich zum nomen-est-omen Bad Schandau im Elbsandsteingebirge. Eine Pilgerstation, die bereits die Romantiker malten. Haben wir alles? Nicht ganz. Wir genehmigen uns die zollfreie Durchfahrt durch Böhmen nach Bayern.

Es geht noch um die beiden tierischen Zeugen des Weihnachtswunders. Dem einen wurde im fränkischen *Ochsenfurt* ein liebevolles Denkmal gesetzt, dem anderen in *Eselarn* im Bayerischen Wald (manchmal zusammengezogen zu Eslarn). Von hier ist es nur noch eine Stunde in jenen Ort, der aus Mangel an anderer Herberge errichtet wurde: das niedliche *Stallwang*. Wir sind da! Pingelige Pilger reisen vorher noch ins nahe *Windelsbach*, um fürs Wickeln gewappnet zu sein.

Weihnachtsgeschichte komplett? Oh, nein, das Elternpaar! Wo ist Josef? In unserem matriarchalischen Land finden wir nur einen einzigen nach ihm benannten Ort, *Josefsmühle*, dafür jedoch vieles, was Maria gewidmet ist: *Marienberg, -born, -fels, -fließ, -hafe, -hagen, -hausen, -heide, -münster, -rachdorf, -tal* oder *-werder.* Wir haben die Wahl. Weihnachtspilger werden überall freundlich aufgenommen.

Und was ist mit dem Jesuskind, da wir doch die Stempel von Krippen, Strohkirchen und Hirten vorweisen können? Da gibt es deutschlandweit nur eine einzige Adresse. Sie liegt im thüringischen Ilmkreis, dort wiederum in der Stadt Gehren, die einen Ortsteil aufweisen kann namens *Jesuborn*. Dessen Höhepunkte beschränken sich mangels Gläubigkeit bislang auf Trachtenverein, Dorfkirche und ein unwindelbares Feuchtgebiet.

Das ist ein sonderbarer Schlusspunkt. Passt aber in die säkulare Zeit. Oder reisen wir noch woandershin? In einen Ort, der das symbolisiert, was zum Weihnachtsfest trotzig beschworen wird? Hoffnung und neuerdings auch Heimat? Machen wir. Mal sehen, wie weit es damit her ist in der letzten Stadt, in der wir einen Stempel für unseren Pass holen können: in *Hoffenheim*.

Hmm. Ja. Kirche, Grundschule, Bahnhof, Fachwerkhaus, ein menschenleerer Platz, den der Wind fegt. Im Fenster des Pfarrhauses blinkt ein Stern. Na, dann feiern wir mal.

Erinnerungen für Aliens

Die Ernte der Reise ist eingefahren. Die preiswerten Mitbringsel sind verteilt, die halb geschmolzenen Süßigkeiten gegessen, der Wein, der nur noch Erinnerungswert hatte, ist ausgetrunken. Die Muscheln und Steine kommen zu ihresgleichen in die Glasschale oder bei Dunkelheit in den Rasen des Nachbarn. Für kleine Andenken wird ein Platz im Regal freigeschoben.

Nun die Fotos. Sie sind gespeichert. Wer darf sie, wer will sie, wer muss sie sehen? Früher verschwanden sie im Papierformat nach einer Zeit des Respekts im Schuhkarton. Jetzt verschwinden sie im Web, ohne höflichen Umweg. Automatisch beamen Kamera oder Smartphone sie auf einen fernen Server, wo sie halbwegs sicher und einigermaßen unsichtbar sind. Und dort werden sie bleiben, bis die Sonne sich aufbläht und alle Planeten verschluckt, Server und Passwörter inklusive.

Aber bis dahin ist noch Zeit. Wird in der verbleibenden Frist irgendjemand Notiz nehmen von unseren wirklich originellen Motiven und künstlerischen Bildausschnitten? Vermutlich nur, wenn wir ein Fotobuch daraus bauen oder eine kleine Diashow erarbeiten. Wir haben wichtige Erinnerungen auf dem Voice Recorder hinterlassen, richtige lebendige Schilderungen sind darunter: »Wecker 6:15, Frühstück 7:45, um 8:30 wartet schon der Bus, es geht 23 Kilometer landeinwärts, Höllenschlucht, sehr eindrucksvoll, Mittagessen in alter Mühle, Kaffee eher dünn.« Aus solch klug gewählten Anhaltspunkten, illustriert mit unseren allerfeinsten sechshundert Fotos, werden wir einen Reisebericht bauen, der jeden mitreißt oder zumindest neidisch macht. Unsere Freunde und Bekannten warten schon darauf, mit pochendem Herzen.

Unsere Eltern hatten noch dickpapierene Alben und klemmende Schubladen und Schuhkartons. Darin, kann ich mich erinnern, kam es häufig zu unerklärlichen Verschiebungen der Reihenfolge. »Die Strandpromenade gehört genau genommen nach weiter hinten«, räumten sie beim Herumzeigen ein. »Eigentlich müsste erst der Flughafen kommen. Wo ist denn jetzt der Flughafen?« Ihren Freunden war das egal. Die wollten die Bilder zügig sichten und zeigten befremdlich wenig Interesse an Erläuterungen wie »Da links wohnte unsere Vermieterin« oder »Den Pool müsst ihr euch hinter dieser Mauer vorstellen«.

Wir machen das besser, spannender. Und zwar mit unserem Fotobuch, zum Herumzeigen im handlichen Kompaktformat. Die Lektüre muss freiwillig sein. Die Gesetzeslage lässt nichts anderes zu. Die Zeit der Dia-Abende früherer Generationen ist vorbei. Schade eigentlich. Da mussten die Gäste sitzen bleiben. Sie durften nicht mal das Tempo bestimmen. Sie konnten allenfalls im Dunkeln nach ihren Gläsern tasten und sich unbeobachtet betrinken. Stapel ererbter, niemals abgestaubter Kästen – Nepal, Kanaren, Südafrika – kündeten noch lange von dieser idyllischen Zeit, bevor wir sie pietätlos entsorgten.

Aber ein zeitgemäßes Fotobuch macht was her. Am besten doch in der XXL-Panoramavariante. Da lässt sich unser viel gerühmtes fotografisches Auge am besten dokumentieren. Wenn unsere Gäste das Album durchblättern, sitzen wir dabei, damit sie nicht zu hastig über die optischen Kostbarkeiten hinweghuschen. Wir stehen auch keineswegs auf, um aus der Küche Kaffee zu holen. In der Zeit würden sie einfach zehn Seiten überblättern. Das kennen wir. Von uns selbst.

Jedenfalls werden wir unsere digitalen Juwelen nicht in Webalben packen und dann den Link herummailen. Unsere Bekannten könnten sich vollends um das Betrachten herumdrücken. Die bekommen ja lediglich eine Mail, in der sie geduzt werden: »Dietmar hat ein Album mit dir geteilt«. Dann klicken sie kurz auf den Link, um uns zufriedenzustellen, denn nun bekommen wir die Nachricht »hat sich das geteilte Album angesehen«. Und das trifft meist nicht zu.

Unser Cousin macht das so. Er spült nach jeder Reise sämtliche Fotos ungefiltert in ein Webalbum und mailt den Zugang herum. Er denkt, dass seine Freunde begierig vor den Bildschirmen sitzen und

Kürzel wie »03082401–1223.jpg« und vierhundertachtzig weitere einzeln anklicken und bewundernd in den Anblick versinken. Wir brechen gewöhnlich nach den ersten drei Ansichten seines Hotelzimmers ab. »Habt ihr euch die Fotos auch wirklich angesehen?«, will er zwei Tage später wissen. »Ja, phantastisch!«, sagen wir mit echter Begeisterung. »Das mit dem Leuchtturm ist doch toll!«, sagt er noch. »Das ist irre! Aber die anderen auch!«, beteuern wir. In der Regel reicht das. Es sei denn, ein Leuchtturm war gar nicht dabei. Dann kann es zu Konflikten kommen.

Den anderen privaten Reisealben im Internet – es gibt mittlerweile über eine Milliarde – geht es nicht besser. Sie stehen entweder unter dem Motto »Wenn einer eine Reise tut« oder »Eine etwas andere Reisebeschreibung« und präsentieren Familienfotos mit Kommentaren wie »Jetzt geht es los«, »Verdiente Pause« oder »Erfrischendes Bad«. Das ist immer noch genauso wie damals, als unsere Großeltern mit Uhu und Fotoecken hantierten, abgerissene Eintrittskarten aus Verona ins Album klebten und Landkarten abpausten, auf faszinierende durchsichtige Trennseiten mit Spinnwebmuster.

Uns stehen verhängnisvolle neue Gestaltungsmöglichkeiten zur Verfügung, Größenänderungen, Bildbeschneidungen, Weichzeichner, Retrofilter, Facetuning, Weichzeichner, bewegte Collagen. Mit Arbeit verbunden sind diese Varianten leider auch. Und wenn wir die Fotos zu einer Story montieren wollen, besteht immer noch die erste Schwierigkeit darin, dass unsere Sprachaufnahmen verwaschen klingen und die schriftlichen Notizen kaum noch zu entziffern sind. Hieß das Strandbad in Nerja tatsächlich »Paraiso« ohne »d«? Im Web taucht es gar nicht erst auf. Und das ist noch eine der geringsten Fragen. Die Notate während der ruppigen Busfahrt nach Samarkand sind völlig verwackelt. Und die Idee, dass wir an der Großen Mauer chinesische Schriftzeichen abmalten (wahrscheinlich »Ausspucken verboten«), erweist sich jetzt als nutzlos.

Wir müssten uns einen Sonntag lang in Ruhe hinsetzen und Ordnung in die Erinnerungen bringen, bevor sie verblassen. Schon mischen sich Anekdoten vom Vorjahr in unseren Rückblick. Aber vielleicht stört das gar nicht? Ein bisschen künstlerische Freiheit muss erlaubt sein. Wir wollen nicht dieses langweilige Einerlei produzieren, das uns regelmäßig gegen Weihnachten erreicht: »Liebe Freunde und Verwandte, dies war wieder ein sehr ereignisreiches Jahr mit vielerlei Auf und Ab.« Und dann folgen drei Seiten über intelligente Kinder, berufliche Entwicklungen, überstandene Krankheiten und einen bedauerlichen Trauerfall.

Nein, wir wollen etwas Buntes, Lebendiges, Spannendes schaffen. Etwas, das andere wirklich und wahrhaftig freiwillig lesen. Aber ist es am Ende gerade dieser Ehrgeiz, der uns hemmt? Wir versichern uns gegenseitig, dass wir demnächst anfangen mit dem kreativen Gestalten. Wir machen es ja vor allem für uns. Damit wir später mal was zum Erinnern haben. Wird sich sonst noch jemand dafür interessieren? Niemand drängt uns. Am besten, wir bringen die Bilder erst mal – aber natürlich nur übergangsweise! – dort unter, wo sie sich am wohlsten fühlen und wo sie am wenigsten stören: in einer Datei auf der Festplatte oder besser noch in einer sogenannten Dropbox in den unendlichen Weiten des Web. Vielleicht können Aliens mal was damit anfangen? Über eine kurze Bestätigung würden wir uns freuen.